RÉPUBLIQUE FRANÇAISE
Liberté — Égalité — Fraternité

DÉPARTEMENT DE LA SEINE

DIRECTION DES AFFAIRES DÉPARTEMENTALES

ÉTAT DES COMMUNES

A LA FIN DU XIXe SIÈCLE

publié sous les auspices du Conseil Général

L'ILE-SAINT-DENIS

NOTICE HISTORIQUE
ET
RENSEIGNEMENTS ADMINISTRATIFS

MONTÉVRAIN
IMPRIMERIE TYPOGRAPHIQUE DE L'ÉCOLE D'ALEMBERT

1900

L'ILE-SAINT-DENIS

MONOGRAPHIES

En vente :

ÉPINAY
PIERREFITTE
STAINS
VILLETANEUSE
ORLY
DUGNY
ANTONY
LE BOURGET
THIAIS
RUNGIS
FRESNES
DRANCY
LE PLESSIS-PIQUET
VILLEMOMBLE
BONDY

GENNEVILLIERS
ROMAINVILLE
BOURG-LA-REINE
LA COURNEUVE
BOBIGNY
SCEAUX
BONNEUIL-SUR-MARNE
L'HAŸ
LES LILAS
ROSNY-SOUS-BOIS
NOISY-LE-SEC
AUBERVILLIERS
CHATENAY
L'ILE-SAINT-DENIS

Sous presse :

BAGNEUX
PANTIN

CHEVILLY

En préparation :

CHATILLON
ARCUEIL-CACHAN

FONTENAY-AUX-ROSES
SAINT-DENIS

RÉPUBLIQUE FRANÇAISE

Liberté — Égalité — Fraternité

DÉPARTEMENT DE LA SEINE

DIRECTION DES AFFAIRES DÉPARTEMENTALES

ÉTAT DES COMMUNES

A LA FIN DU XIXe SIÈCLE

publié sous les auspices du Conseil Général

L'ILE-SAINT-DENIS

NOTICE HISTORIQUE ET RENSEIGNEMENTS ADMINISTRATIFS

MONTÉVRAIN

IMPRIMERIE TYPOGRAPHIQUE DE L'ÉCOLE D'ALEMBERT

1900

NOTICE HISTORIQUE

L'ILE-SAINT-DENIS[1]

Anciennement, communauté de la Généralité et de l'Élection de Paris, paroisse du doyenné de Montmorency.

De 1787 à 1790, municipalité du département de Saint-Germain et de l'arrondissement de Saint-Denis.

De 1790 à l'an IV, commune du district de Saint-Denis (supprimé en l'an III) et du canton de Saint-Denis.

De l'an IV à l'an IX, commune du canton de Pierrefitte.

De l'an IX à 1893, commune de l'arrondissement et du canton de Saint-Denis.

Actuellement, en vertu de la loi du 12 avril 1893, commune de l'arrondissement de Saint-Denis et du canton de Saint-Ouen.

1. Il est à peine besoin de dire qu'il n'y a en France qu'une commune dénommée l'Ile-Saint-Denis.

I. — FAITS HISTORIQUES

On chercherait vainement dans la France continentale une commune comparable à celle qui, s'étendant en face de Saint-Ouen, de Saint-Denis et d'Épinay, à l'Est et au Nord, de Gennevilliers, à l'Ouest et au Sud, porte aujourd'hui le nom d'Ile-Saint-Denis, et qui, à moins de deux lieues de Paris, se trouvait, il y a un demi-siècle, isolée de la terre ferme d'une façon si complète que, durant les inondations de la Seine, ses habitants étaient non seulement prisonniers, mais encore gravement menacés dans leur existence et dans leurs biens. Cette situation, fréquente pour les îles voisines des côtes, se compliquait ici encore de cette particularité que l'Ile-Saint-Denis se composait de trois îles distinctes, placées sous l'autorité d'une même municipalité, et n'est devenue homogène que depuis quelques années seulement. Sans contester le charme un peu romanesque de cet état de choses, il faut convenir qu'aux points de vue pratique et administratif, il n'allait pas sans certains inconvénients, auxquels le temps a fini par porter remède.

Aux premiers temps de la féodalité, ces îlots devaient présenter l'aspect le plus sauvage. Celui du milieu, que plus tard on nomma l'île Saint-Ouen à cause de sa situation vis-à-vis de Saint-Ouen, s'appelait l'île du Châtellier. « Le plus ancien acte où elle soit mentionnée, dit l'abbé Lebeuf, ne lui donne pas de nom. C'est une charte du roi Robert, de l'an 998. On y lit qu'un nommé Hugues Basseth, qui y possédait une forteresse, l'ayant donnée à son épouse, cette femme la porta en mariage à Bouchard le Barbu, lequel ne cessant d'incommoder de ce lieu l'abbaye de Saint-Denis, le roi Robert, pour y mettre fin, fit abattre le château. Bouchard, animé de plus en plus contre l'abbé, Vivien, et ses religieux, ne cessa de les inquiéter que lorsque le roi lui eut accordé une autre forteresse appelée Montmorency. »

Ce document est rapporté parmi les Preuves de l'*Histoire généalogique de la maison de Montmorency*, de Duchesne ; toutefois, M. Pfister, le meilleur historien du règne de Robert le Pieux, ne le mentionne ni à la date de 998, ni à aucune autre; il se borne à en citer un, daté approximativement de 1008, qui est un jugement rendu contre Bouchard de Montmorency, qui opprimait les biens du monastère de Saint-Denis. Il n'est pas douteux, d'ailleurs, que les sires de Montmorency eurent des possessions dans l'île et continuèrent à en avoir. Une charte de novembre 1219 stipule que Mathieu, seigneur de Montmorency, s'engage, vis-à-vis de Philippe-Auguste, à ne bâtir aucune forteresse dans l'île « qui est au dessoubz de la ville de Saint-Denis », consentant, s'il le fait, à ce qu'elle soit détruite.

Par la suite, l'abbaye de Saint-Denis obtint toute la seigneurie des îles, qu'elle garda jusqu'à la Révolution. Son autorité y était représentée par un bailli, dont le siège — c'est encore Lebeuf qui nous l'apprend — était « situé dans l'extrémité de l'île du Châtellier du côté qu'elle est contiguë à la grande île, je veux dire à l'isle Saint-Denis, ... ce qui est l'isle peuplée d'habitans, dans laquelle est la cure... ».

Cette cure, ou pour mieux dire cette paroisse succursale, ne fut fondée qu'en 1620, à la requête des habitants. Jusque-là, les habitants des îles étaient paroissiens de l'église Saint-Marcel de Saint-Denis, aujourd'hui supprimée, — et en 1668, ils obtinrent que la succursale devînt cure.

Nous avons dépouillé, aux Archives nationales, les cartons cotés S. 2372-2376, qui ont trait aux possessions de l'abbaye de Saint-Denis dans les îles ; ce sont surtout des baux de terres en culture, dont l'intérêt n'est pas bien grand. Citons cependant, à la date du 14 septembre 1670, le bail passé par les religieux à Jean Goffier, maître pêcheur de la maison seigneuriale sise dans l'île du Châtellier, avec les saules qui en dépendent. Il s'agit de l'hôtel du bailliage, mentionné plus haut, et devenu plus tard la ferme d'Ortebout.

Les Bénédictines de la Ville-l'Évêque, à Paris, possédaient dans l'île une maison sur le quai qui fait face à Saint-Denis. Dans le carton S. 4645, se trouve une lettre d'elles où il est incidemment question de ce quai, construit vers 1770, sur la demande des mariniers qui n'avaient plus rien pour accrocher leurs cordages.

En 1787, lors de la création des assemblées provinciales et de l'éphémère constitution de départements, l'Ile-Saint-Denis fut attribuée au département de Saint-Germain et à l'arrondissement de Saint-Denis. C'est sous ce régime que sa municipalité, ayant pour syndic M. Descoings, fut invitée à élaborer le cahier de doléances qui devait être présenté par toutes les paroisses du royaume aux États généraux de 1789. Voici le texte de ce document :

CAHIER DES PLAINTES, DOLÉANCES ET REMONTRANCES DES HABITANTS DE LA PAROISSE DE L'ILE-SAINT-DENIS

Lesdits habitants représentent qu'il est nécessaire de supprimer en totalité la capitainerie, attendu qu'ils sont dans une île formée par les deux bras de la Seine; que, n'y ayant pas de pont, on ne peut entrer et sortir de leur village qu'avec des bateaux ; que leur territoire, circonscrit dans cette île, est rempli de gibier et notamment de lapins et perdrix, qui dévastent leurs récoltes et les rendent stériles.

Que, malgré leurs plaintes réitérées, ils n'ont jamais pu obtenir justice, ni de M. l'Intendant, ni de MM. les lieutenants de chasse de ladite capitainerie, qui tous ont eu, successivement, une maison de campagne à Gennevilliers, distant d'environ une demi-lieue de leur paroisse, les gardes établis n'ayant cessé de tenir les remises qui existent sur leur territoire, peuplées de gibier, et d'être les tyrans les plus odieux des habitants.

Que leur territoire contient environ 350 arpents appartenant aux habitants; le surplus appartient à MM. les religieux de Saint-Denis, seigneurs ; les chartreux de Paris, les chanoines de Saint-Paul de Saint-Denis, les Ursulines de Saint-Denis, tous propriétaires privilégiés, et autres particuliers.

Que leur sol est mauvais, sujet à des inondations annuelles, et qu'ils sont cependant écrasés d'impôts, que la plupart d'entre eux est hors d'état de payer, les soussignés n'étant que de malheureux pêcheurs et blanchisseurs, qui gagnent à peine leur vie, et qu'il serait de la justice des États généraux de considérer leur position.

La nullité de leurs ressources, l'ingratitude de leur sol contribueront sans doute à faire diminuer le fardeau de leurs impôts, pour le payement desquels ils sont souvent poursuivis, saisis dans leurs meubles et réduits à la plus extrême misère.

Qu'il n'est assigné à leur curé qu'une modique somme de 300 livres qui se paye par les habitants, par le moyen de quêtes qui se font par les marguilliers, les jours de fêtes et de dimanches; qu'il n'a aucune portion congrue, et que son casuel est presque nul.

Que cette modicité de revenu le met hors d'état de suivre les mouvements de son cœur et de donner des secours pécuniaires aux pauvres.

Qu'en conséquence, ils demandent qu'il lui soit assigné, par un moyen quelconque, une somme assez forte pour le mettre en état de vivre d'une manière convenable à son caractère, et d'assister les malheureux.

Que l'éducation de la jeunesse est absolument négligée, la commune n'ayant aucun revenu, et les habitants n'étant en état de payer que momentanément un maître d'école qui se trouvera bientôt obligé de quitter leur paroisse, où il ne gagne pas assez pour vivre ; qu'il soit donc de la plus grande utilité de leur procurer des secours pour les mettre dans la possibilité de donner de l'éducation à leurs enfants.

Qu'il en est de même de leur fabrique, qui n'a que 172 livres de revenu, somme absolument insuffisante pour supporter ses charges.

Le présent cahier rédigé par nous, soussignés, pour être remis, savoir : un double aux députés qui seront par nous nommés et auxquels nous donnons tous les pouvoirs nécessaires, et l'autre être inscrit sur le registre de nos assemblées, et avons signé :

Descoings, syndic municipal; Chevalier; Fournier; Descoings; Desevines; Vanteclaye ; Compoint ; Chevance ; Compoint d'Autun ; Jolly ; Marie ; Labbaye ; Meusnier ; Mary Descoings.

Coté et paraphé au desir de notre procès-verbal, cejourd'huy 16 mars 1789.

Noel, pour l'absence de M. le bailly 1.

Depuis plusieurs années déjà, l'Ile comptait, parmi ses plus notables habitants, un personnage important de la cour, Papillon de La Ferté, chargé, sous l'autorité des « premiers gentilshommes de la Chambre », des menus plaisirs du roi, et en cette qualité, administrateur des théâtres royaux, de l'Opéra plus spécialement. Il habitait Paris pour ses fonctions et avait à l'Ile-Saint-Denis sa maison de campagne. Le musée Carnavalet possède une aquarelle de Lespinasse, datée de 1787, représentant ce domaine, et donnant de son site la plus agréable impression.

Le 19 messidor an II (7 juillet 1794), La Ferté, traduit comme suspect devant le tribunal révolutionnaire, fut condamné au dernier supplice, qu'il subit le même jour sur la place « du trône renversé » (place du Trône, aujourd'hui place de la Nation). Dès les premiers jours de la tourmente, l'infortuné, sentant le péril, avait rédigé un mémoire justificatif qu'a publié M. Ad. Jullien. Nous en extrayons les passages qui ont trait à sa résidence de l'Ile-Saint-Denis.

Un de ses anciens subordonnés, dit-il, « fit répandre le bruit, au mois de juillet 1789, que je recelois à ma campagne de l'Ile-Saint-Denis des armes, grains et munitions de guerre, et que plusieurs personnes de la cour s'y tenoient cachées en attendant l'occasion de pouvoir s'évader ; il ne falloit que connoître la petitesse de ce local, d'ailleurs trop en évidence, pour ne pas croire à une pareille calomnie, mais le comité provisoire du Bureau de la Ville crut apparemment devoir faire faire des perquisitions pour s'assurer des faits dénoncés. En conséquence, M. Desaudray,

1. *Archives parlementaires*, t. IV, pp. 625-626.

commandant en second de la garde nationale, vint faire une descente chez moi à dix heures du soir... »

Après avoir exposé comment cette visite inattendue bouleversa Mme de La Ferté au point de la faire succomber peu après, La Ferté continue en ces termes :

« Le résultat enfin de cette perquisition, que mon épouse et moi exigèrent être faite avec la plus scrupuleuse exactitude jusque dans les moindres recoins, se réduisit à ne pas trouver le moindre indice qui pût donner lieu à la calomnie. Dans le procès-verbal qui fut dressé, je fis même la déclaration du peu de personnes qui étoient venues nous voir depuis que nous étions à la campagne. Les habitans de l'isle Saint-Denis, informés de ce qui s'était passé et connoissant notre manière de vivre et nos sentimens, partagèrent notre peine ; le procès-verbal et son résultat du 3 août 1789 furent imprimés par ordre du conseil provisoire de la ville et affichés à Paris, à Saint-Denis et dans l'isle Saint-Denis ; la calomnie confondue n'en perdit pas moins l'espérance de me nuire, ainsi qu'il sera dit cy-après.

« Dès le commencement de la Révolution, j'ai cherché à donner, autant qu'il étoit en moi, des preuves de bon citoyen, étant un des premiers à prêter à mon district de Paris mon serment civique, le 4 février 1790... Au mois de juillet 1790, les habitans de l'isle Saint-Denis me firent l'honneur de me nommer commandant de leur bataillon (de garde nationale) ; je leur fis, en conséquence, présent du plus beau drapeau qui existoit dans les environs, et mon épouse fit présent au maire de l'écharpe. Le 14 juillet, nous avons prêté dans l'église paroissiale, entre les mains du maire, à l'issue de la messe, le serment ; j'ai cherché à inspirer, dans le petit discours que je fis, les sentimens dont j'étois pénétré. Cette cérémonie s'est terminée par un grand dîner que nous avons donné aux habitans des deux villages, et dont Mme de La Ferté et moi avons fait les honneurs, de notre mieux et à leur satisfaction. Ils s'y sont comportés, ainsi qu'à la petite feste qui a suivi, avec une gaîté décente que l'on auroit désirée en pareil cas à la ville.

« C'est aujourd'hui mon concierge qu'ils ont choisi pour leur capitaine ; il s'acquitte de cette place, quoique pénible pour lui, avec autant de zèle que d'intelligence, en maintenant le bon ordre et la discipline, et sachant en même tems ménager le tems de ses soldats pour ne pas faire de tort à leurs travaux. Aussi est-il fort estimé à la municipalité de Saint-Denis qui auroit désiré l'employer encore plus utilement s'il eût voulu accepter. Pour soulager les habitans de l'isle, les personnes qui sont avec moi montent aussi la garde. L'on dit que la municipalité de Saint-Denis, qui m'honore de quelque bienveillance, avoit pensé à moi pour une des places de chef de division du canton, mais mon âge, ma santé, quelques infirmités, indépendamment du grand nombre de mes affaires, m'eussent empêché d'accepter cet honneur.... [1] »

Ces pages sont d'autant plus émouvantes que l'on sait que leur sincérité, réelle ou apparente, ne sauva pas de la mort celui qui les écrivait. Il est presque impossible aujourd'hui de contrôler les assertions de La Ferté, les archives de la commune pour cette période ayant disparu, mais il y a là des faits précis qui ne peuvent avoir été inventés.

Ce douloureux épisode est donc tout ce que nous savons sur l'Ile-Saint-Denis durant la Révolution ; ajoutons seulement qu'elle reçut alors le nom d'île Franciade par la raison toute simple que Saint-Denis avait pris le nom de Franciade.

Le XIXe siècle aura été pour l'île l'ère initiale du progrès ; il lui a donné la vie normale. Le premier bienfait a été la construction des deux ponts qui la relient : à Saint-Denis, d'une part, à Gennevilliers, de l'autre. Dès le 10 octobre 1831, le *Moniteur* annonçait comme prochaine la construction d'un pont en fer, suspendu, et laissait prévoir que la dépense serait de plus de cent mille francs. L'entreprise fut longue à s'achever, sans doute, car, en fait, les ponts ne furent inaugurés que le 20 octobre 1844. Nous avons fourni ailleurs [2] quelques détails sur la fête que le Conseil général, les municipalités de Saint-Denis et de l'Ile donnèrent pour consacrer cette solennité.

Un autre bienfait fut, deux ans plus tard, la construction du chemin de fer du Nord et la création d'une gare à Saint-Denis, au lieu dit alors la Maison de Seine, c'est-à-dire en un point plus rapproché de l'Ile-Saint-Denis que de la ville même dont cette gare porte le nom. Enfin, nous parlons plus loin des opérations de voirie, si longtemps réclamées, grâce auxquelles l'île du

1. Ad. Jullien, *Un Potentat musical, Papillon de La Ferté...;* Paris, Detaille, 1876, in-8°.

2. *Histoire de la ville et du canton de Saint-Denis ;* Paris, Delagrave, 1892, in-18, p. 64.

Châtellier a été réunie à l'Ile-Saint-Denis, et du comblement des lieux dits du Bocage et du Javeau.

La fatale guerre de 1870, en revanche, fut désastreuse pour la commune. Les habitants furent forcés d'émigrer à Saint-Denis et à Paris ; le 26 octobre, la municipalité se réunissait à Paris dans un local situé rue d'Aboukir, 9, et ne reprit ses séances ordinaires que le 12 août 1871. Pendant l'investissement, l'île fut occupée par nos troupes. Elles durent pratiquer, dans le mur du cimetière, des créneaux pour défendre l'accès du pont du côté de Gennevilliers, et de ce chef le devis de réfection s'éleva à 1.714 fr. 98. Au surplus, l'île était transformée en un véritable camp ; il fallut faire disparaître les barricades, refaire les chaussées, d'où une dépense de 3,826 fr. 30, réparer l'église (1.746 fr. 50). Mais ce qu'il y eut de plus pénible encore que les dégâts matériels, ce fut l'occupation étrangère, que le village eut à subir à dater de l'armistice pendant la plus grande partie de l'année 1871.

II. — MODIFICATIONS TERRITORIALES ET ADMINISTRATIVES

Tout est exceptionnel dès qu'il s'agit de l'Ile-Saint-Denis. Pour les autres communes, les modifications ont porté sur les limites du territoire ou sur son sectionnement : ici, c'est le sol même qui a été modifié, et qui est devenu, par endroits, solide, de liquide qu'il était ; on conçoit sans peine de quelle conséquence ont été ces changements pour la commodité des habitants.

La commune se composait à l'origine de trois îles distinctes, l'île des Vannes, au Sud-Ouest, du côté d'Asnières, puis l'île du Châtellier ou de Saint-Ouen, et enfin l'île Saint-Denis. L'île des Vannes fut atterrie à l'île du Châtellier entre 1840 et 1860. Celle-ci fut réunie à l'île Saint-Denis par le comblement du bras dit du Bocage, qui fut effectué de 1894 à 1896. En outre, dans l'île Saint-Denis même, une sorte de ru, le Javeau, dévié du bras du Bocage, avait été comblé dès 1874 ; la place actuelle du Javeau indique l'emplacement qu'occupait ce petit îlot.

L'isolement relatif des diverses parties de la commune entre elles et par rapport aux communes voisines ne laissait pas que de préoccuper l'administration.

Il fut question de la placer sous la juridiction municipale de Saint-Denis; mais, le 16 août 1826, puis le 15 mai 1827, le Conseil municipal de l'île protesta avec énergie, alléguant que sa situation même exigeait la présence d'une autorité à demeure, pouvant intervenir rapidement, en été surtout, où s'élevaient fréquemment des querelles chez les marchands de vin. Devant cette résistance, le projet échoua.

Le Conseil d'arrondissement et le Conseil général avaient été appelés à en délibérer, et ce dernier, le 30 août 1827, avait déclaré « partager le vœu du Conseil d'arrondissement contre la réunion de l'Ile-Saint-Denis au chef-lieu, mais être d'avis, comme le Conseil d'arrondissement, d'étendre la surveillance et la juridiction du commissaire de police de Saint-Denis sur le territoire et les habitants de l'Ile-Saint-Denis » [1].

D'autre part, en cette même année 1827, la municipalité de Saint-Ouen rêva de s'annexer l'île du Châtellier, qu'à dessein sans doute elle nommait île Saint-Ouen pour donner plus de force à sa requête. La délibération prise à ce sujet vaut la peine d'être citée intégralement :

MAIRIE DE SAINT-OUEN

Du registre des délibérations du Conseil municipal est extrait ce qui suit :

Séance du 3 mai 1827

M. le Maire rappelle au Conseil que l'isle en face de la commune et qu'on appelle isle de Saint-Ouen fait partie de la commune de l'Isle-Saint-Denis qui, elle-même, n'a que la dénomination provisoire de commune.

Cette isle est très fréquentée, durant la belle saison, par des nageurs, baigneurs et les promeneurs de Paris et autres lieux, qui la recherchent en raison des sites favorables qu'elle présente dans sa partie supérieure pour ces sortes d'exercices et la certitude de trouver au retour de ces exercices, à Saint-Ouen, des restaurans qui leur offrent toutes les ressources de réparations vitales; tous passent par le port de Saint-Ouen pour aller et revenir parce qu'il n'existe aucun autre lieu de passage certain pour cette isle.

Il y a peu d'années, le bal champêtre des fêtes de Saint-Ouen se tenait toujours sous les arbres de la grande allée du Moulin de Cage [2] ; il n'y eut jamais de contestation à cet égard. Les amateurs de danse qui y affluaient de toutes parts se donnaient rendez-vous à l'isle Saint-Ouen et personne ne s'y méprenait. Aujourd'hui encore, tout ce qui se rapporte à cette isle, soit naufrages, submersions, contestations, épaves, etc., etc., tout est déclaré,

1 Archives de la Seine ; dossier d'extraits manuscrits des procès-verbaux du Conseil général.

2. Ce moulin figure sur la carte du service vicinal.

déposé, réclamé à Saint-Ouen sans que jamais personne songe qu'elle appartient à une autre juridiction communale, et l'habitude est tellement grande qu'il y aurait en quelque sorte violence dans la contrainte de changement d'usage.

Chacun est étonné en voyant la situation relative de cette isle avec Saint-Ouen, qu'elle fasse partie de la commune de l'Isle-Saint-Denis, qui en reçoit les contributions tandis que nous en avons toutes les charges d'administration, de sûreté et de secours; il suffirait d'ouvrir le registre des procès-verbaux de la commune pour s'assurer de la réalité de tous ces faits.

Néanmoins, tous ces procès-verbaux constatant des événements arrivés en en dehors des limites de la commune sont entachés de nullité parce que la juridiction du maire ne s'étend pas au delà de la circonscription respective; et pourtant, tout en reconnaissant l'illégalité de nos actes, pourrions-nous sans répugnance, sans regret, renvoyer à la mairie de l'Isle-Saint-Denis, pour y demander des soins desquels la vie peut dépendre, exigés par un malheur qui vient de se passer sous nos yeux et alors qu'ils sont réclamés à l'autorité et à [la] bienfesance locales de Saint-Ouen ? L'humanité commande dans ces cas qu'on s'écarte de la règle commune; mais ces cas sont trop fréquents pour que notre devoir ne nous prescrive d'en avertir l'autorité supérieure en signalant ces infractions, qu'elle n'a peut-être pas apperçues, ou si [elle] les a remarquées, elle les a tolérées comme une nécessité inévitablement attachée à un vice de circonscription communale.

Qu'on demande à M. le Maire de l'Isle-Saint-Denis quelle surveillance, quelles précautions, quels secours il administre dans cette isle ? Il répondra nécessairement qu'il ne s'en occupe pas et ne peut pas s'en occuper, attendu son éloignement des lieux fréquentés.

Il suffit de voir le plan figuratif [1] pour reconnaître que la place devant l'église de Saint-Ouen domine cette isle comme le grand balcon des Tuileries domine la place de ce palais et celle du Carrousel, et la ressemblance des situations doit déterminer les mêmes dépendances de relations.

M. Ternaux, qui a établi dans cette isle un lavoir à laines, y donne ses ordres de son parc, étant avec autant de facilité que s'il était dans la cour de sa maison.

Tout ce qui précède démontre suffisamment que cette isle qui fit partie autrefois de la commune de Saint-Ouen doit rentrer dans sa deppendance primitive, et en eût-elle été détachée toujours qu'il conviendrait encore de l'aggréger à cette commune parce que les rapports avec elle sont les plus commodes, les plus fréquents, les plus nécessaires et les plus possibles en raison du bac établi à son port et d'une foule de bateaux qui en offrent tous les moyens permanens, qu'on ne trouve nulle autre part.

D'après toutes ces considérations, M. le Maire propose au Conseil municipal de l'autoriser à solliciter la réunion de cette isle à notre commune, ne serait-ce que pour valider les actes qu'elle nous expose à devoir faire journellement.

Le Conseil municipal délibérant, adoptant les motifs de M. le Maire, vote à l'unanimité pour que l'isle de Saint-Ouen soit réunie le plus tôt possible à

1. Un plan est, en effet, annexé au dossier.

la commune pour faire partie intégrante de son territoire, et, pour obtenir ce résultat, autorise M. le Maire à faire toutes les diligences opportunes près de l'autorité compétente. Et ont les membres signé au registre 1.

L'ile du Châtellier n'en resta pas moins annexée à l'Ile-Saint-Denis. On est surpris de voir son Conseil municipal protester, à la date du 30 mars 1843, contre son rattachement à l'île principale. Le 9 février 1845, cependant, il émettait un avis favorable à l'établissement d'une passerelle pour les voitures et les piétons, mais cela ne se fit pas, et un simple bac resta l'unique moyen de communication. Dix ans plus tard, en 1855, le Conseil délibérait à nouveau sur la difficulté des relations entre les deux îles, les contestations sur les droits de passage, l'inconvenance de transporter les morts en bateau, etc.

Quant au bras du Bocage, qu'on nommait communément canal, la rue Méchin le franchissait jadis sur un pont-levis. Le 10 mai 1839, le Conseil formulait un vœu énergique pour le remplacement de ce pont-levis par un pont fixe, et il renouvelait ce vœu, le 10 mai 1841. La substitution ne se fit qu'en 1850.

La commune a été successivement reliée aux rives de la Seine par les ponts suspendus, d'abord, ceux de Saint-Ouen ensuite, et enfin, ceux d'Épinay. Pour ces derniers, la municipalité ne se montra pas soucieuse de jouir de leurs avantages; dans sa séance du 8 janvier 1879, le Conseil protesta contre leur construction, « relativement aux intérêts communaux qui sont lésés par cet état fâcheux ».

Passons maintenant à la question des divisions cantonales. La Révolution plaça l'Ile dans le canton de Saint-Denis. Elle y serait restée jusqu'en 1893, si pendant cinq ans, de l'an IV à l'an IX, elle n'en avait été temporairement détachée.

En effet, l'article 178, titre VII, de la Constitution de l'an III, stipulait que les villes comptant plus de 5.000 habitants auraient une administration municipale personnelle et constitueraient à elles seules un canton. C'était le cas de Saint-Denis, à qui la loi fut appliquée malgré ses protestations. Aussi, par décision du Directoire du département, en date du 19 vendémiaire an IV (11 octobre 1795), l'Ile-Saint-Denis fut annexée au canton de Pierrefitte. La

1. Archives de la Seine, D M[7]. — Au même dossier se trouve une lettre adressée par le maire au sous-préfet de Saint-Denis, le 10 avril 1827, sur différents points relatifs aux limites de Saint-Ouen et où sont déjà exposés, en ce qui concerne l'île Saint-Ouen, les arguments ci-dessus.

loi du 12 avril 1893 ayant, à nouveau, fait de Saint-Denis un chef-de canton avec commune unique, fit entrer l'Ile dans le canton de Saint-Ouen.

En 1839, sa municipalité avait émis un avis défavorable à l'érection de la commune de Batignolles-Monceaux en chef-lieu de canton, cette mesure devant avoir pour effet de distraire du canton de Saint-Denis la commune de Saint-Ouen avec laquelle elle était « en bonnes relations » (séance du 6 juin), — et elle eut gain de cause sur ce point.

Plus tard, le 11 mars 1877, le Conseil protesta contre la réunion en un seul des deux arrondissements du département, — et, le 3 février 1888, il émit le vœu que Saint-Denis demeurât le chef-lieu d'un canton dont feraient partie les communes d'Épinay, de l'Ile-Saint-Denis, de Pierrefitte, de Stains et de Villetaneuse. Ces deux souhaits n'ont pas été réalisés.

III. — ANNALES ADMINISTRATIVES. — LISTE DES MAIRES

Budget communal. — Il n'est pas sans intérêt de mettre en regard du budget actuel (que l'on trouvera plus loin) quelques chiffres des budgets passés. Le plus ancien registre subsistant des délibérations municipales, qui commence à l'an XII (1803-1804), fait figurer les recettes de cette année-là pour 130 fr. 52 et les dépenses pour 105 fr. 42. — En 1821, la municipalité invitée à souscrire pour la donation du domaine de Chambord au jeune duc de Bordeaux, se déclarait trop pauvre pour s'associer à cette œuvre. — L'exercice 1825 donne un budget de dépenses de 116 fr. 43, alors que les recettes atteignent 208 fr. 06.

Enseignement. — A la suite d'une circulaire que le Ministère de l'instruction publique adressait en 1867 à toutes les communes de France, la municipalité de l'Ile-Saint-Denis fit connaître qu'elle se prononçait pour le maintien, provisoire au moins, d'une école mixte et pour la continuation d'un cours d'adultes des deux sexes ; l'instituteur recevait 450 francs pour ce cours ; il n'y avait pas d'instituteur adjoint ; la gratuité de l'enseignement était souhaitable, mais à la condition de créer des ressources spéciales par une subvention de l'État et le vote de centimes additionnels.

L'école des filles fut créée par arrêté préfectoral du 19 juin 1872. Le 9 juillet 1873, le Conseil fixa le traitement de l'institutrice à 1.200 francs, à valoir depuis le 1er janvier précédent. A cette date, la commune s'engagea à contribuer pour 200 francs par an à ce traitement.

Culte. — Le 26 janvier 1847, le Conseil émettait le vœu que l'église communale, alors desservie par le clergé de Saint-Denis, fût érigée en succursale, et s'engageait formellement à fournir le logement du desservant. Les négociations furent longues, car, le 26 juillet 1862, la municipalité revenait sur cette question, en déclarant qu'elle était heureuse de connaître l'avis favorable de l'archevêché.

Chemin de fer du Nord. — C'est le 18 février 1844 que le Conseil eut à se prononcer sur l'ouverture projetée d'une ligne de chemin de fer allant de Paris à la frontière de Belgique par Saint-Denis et la vallée de l'Oise (la ligne par Chantilly ne fut ouverte que dix ans plus tard), et la création d'une station à la Maison de Seine. Il s'en montra, naturellement, très partisan, et en même temps, prit la peine de se prononcer contre l'utilité d'un tronçon de ligne allant aboutir à la place aux Gueldres. Il est visible que cette protestation, qui ne lui était pas demandée, avait pour motif la crainte que l'emplacement de la Maison de Seine ne fût plus tard sacrifié à celui de la place aux Gueldres.

Deux ans plus tard, la ligne fut livrée à l'exploitation, mais, à l'origine, la gare de Saint-Denis ne fut pas ouverte au public. Dans sa séance du 10 août 1846, le Conseil s'en plaignit amèrement : ce retard, disait-il, est très nuisible au commerce de l'île, sans compter que l'on ne trouve plus de voitures à Saint-Denis pour conduire les voyageurs à Paris.

Rachat du péage des ponts. — Le droit de péage a été supprimé pour les ponts suspendus de l'Ile, à dater du 1er septembre 1887. C'est le département qui l'a racheté, avec le concours financier des communes intéressées. L'Ile-Saint-Denis eut pour sa part une contribution de 20.000 francs. Depuis longtemps, son Conseil municipal réclamait cette mesure ; on peut, pour s'en assurer, se reporter aux délibérations des 19 juin 1874, 13 août 1875, 6 novembre 1878 et 14 décembre 1884.

MAIRES DE L'ILE-SAINT-DENIS

LABBAYE. Mentionné en l'an XII. Mort en fonctions, en 1834.
THORIGNY. 1834-1837.
PERIN, Nicolas-Joseph. 1837-1843.
PAGEL, Alexis-Jean-Baptiste. 1843-1879. Démissionnaire.
BOUQUET, Jean-Pierre. 1879-1882. Démissionnaire.
FUMOUZE, Jean-Armand. 1882-1884.
DESCOINGS, Jean-Augustin-Gabriel. Élu le 27 mai 1884. Constamment réélu depuis.

IV. — MONUMENTS ET ÉDIFICES PUBLICS

Mairie. — Par délibération du 23 août 1835, le Conseil municipal décida l'acquisition, à usage de mairie, du modeste édifice qui, aujourd'hui encore, a conservé cette destination. Les frais d'achat furent évalués à 6.000 francs, ceux de la rédaction des actes à 1.002 fr. 50, et ceux d'appropriation à 997 fr. 50.

Église. — L'église primitive, placée sans que l'on sache pourquoi, sous le vocable de saint Sébastien, datait, on l'a dit plus haut, de 1620. L'abbé Lebeuf qui écrivait cent trente ans plus tard estime que « sa nouveauté fait qu'il n'y a rien de remarquable ». Elle était, paraît-il, d'une rare exiguïté. Le 5 octobre 1817, le Conseil vota 183 fr. 30 pour la faire réparer : « non seulement pour l'exercice du culte, mais encore pour servir de refuge, dans les crues extraordinaires de la Seine, aux habitants dont les maisons menacent, à l'emmagasinage des meubles et effets desdits habitants, et pour mettre quelques bestiaux à l'abri du danger. » Motifs tout à fait inattendus de la réfection d'un édifice religieux !

Sa reconstruction totale fut décidée en 1830, sur les plans de l'architecte Guénepin, et la première pierre fut posée le 18 octobre 1830. Les matériaux de l'ancien monument furent utilisés. Moins de trente ans après, il était question de la réédifier (8 février 1859), mais l'on se borna alors à des réparations dont le règlement s'éleva à 2.489 fr. 35 (séance du 12 mai 1860). Cette réédification, étudiée en 1882 et 1883, et évaluée à 76.000 francs environ, fut accomplie en 1884. Par délibération du 4 septembre 1885, l'entrepreneur fut mis en demeure d'avoir à démolir l'ancien bâtiment.

Cimetière. — Conformément à l'usage, le cimetière était voisin de l'église. Le 9 mai 1846, le Conseil, frappé de cet inconvénient, décida l'acquisition d'un terrain situé dans la partie septentrionale de l'île, en face de la Briche. La commune disposait de 2.659 fr. 25, dont 1.150 à l'aide d'une surimposition de 10 centimes pendant cinq ans. L'ordonnance royale autorisant cette acquisition est du 25 mai 1847. La dernière inhumation dans l'ancien cimetière eut lieu le 20 décembre 1847 et la première inhumation dans le nouveau se fit le 9 février 1848. Le 1er février 1855, l'ancien cimetière fut fermé, les ossements qu'il renfermait exhumés, et la place nivelée pour améliorer les abords de l'église.

Puits artésien. — Le forage d'un puits artésien sur la place de l'École fut voté le 12 novembre 1869 ; le travail, confié à MM. Degonsée, Charles Laurent et Cie, était évalué à 10.000 francs plus 7.671 francs pour les frais de maçonnerie, canalisation et bornes-fontaines. Les souscriptions recueillies parmi les habitants atteignirent 6.445 francs; l'administration eut à faire les frais du reste.

Écoles. — Les « nouvelles écoles », ainsi que les qualifient les registres de délibérations, furent construites de 1848 à 1853.

BIBLIOGRAPHIE

L'abbé Lebeuf, *Histoire du diocèse de Paris,* t. I, pp. 563-567 de l'édition de 1883.

Bournon (Fernand), *Histoire de la ville et du canton de Saint-Denis ;* Paris, Delagrave, 1892, in-18, pp. 137-139.

Fernand Bournon.

RENSEIGNEMENTS

ADMINISTRATIFS

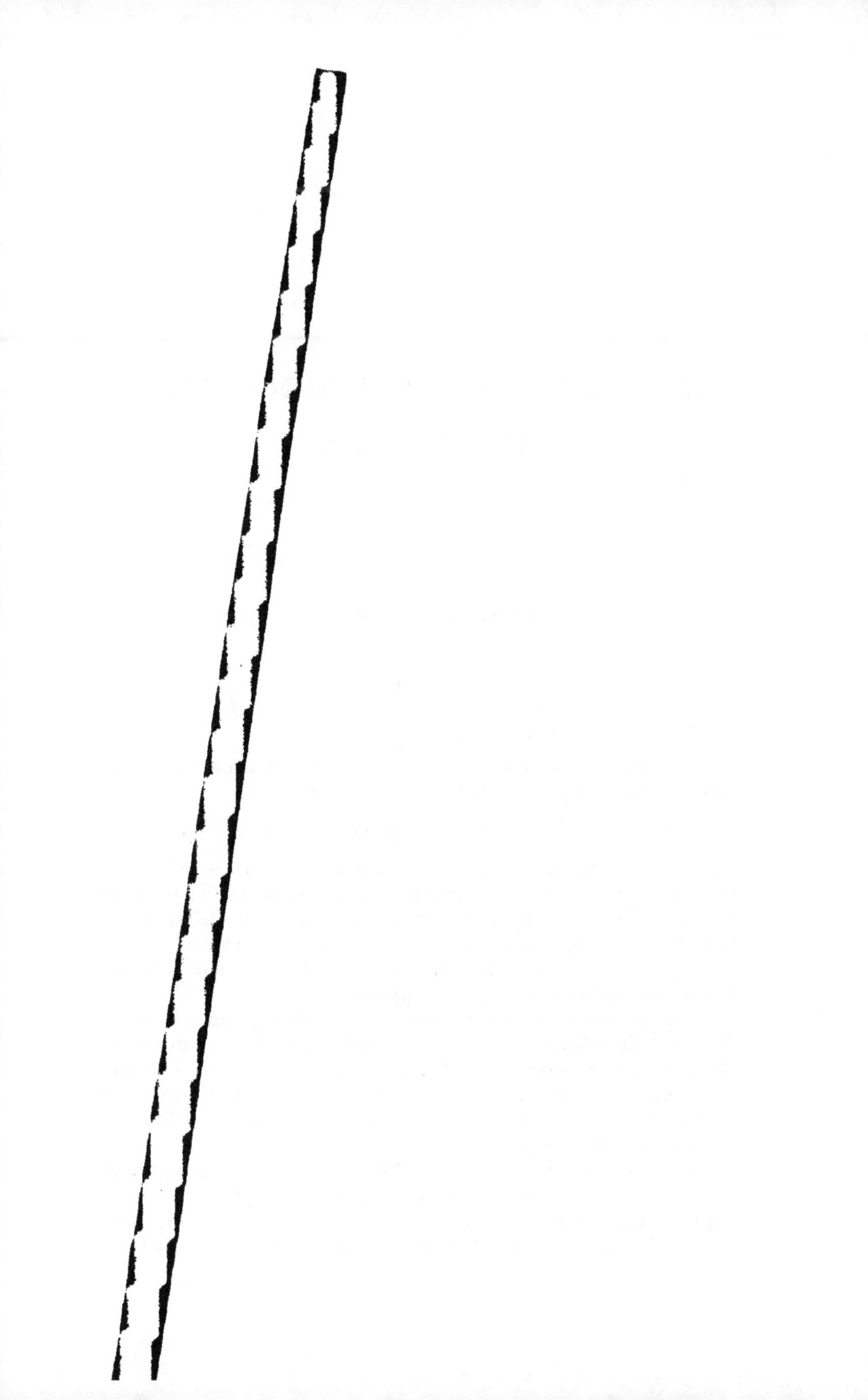

I. — TOPOGRAPHIE, DÉMOGRAPHIE ET FINANCES

§ I. — TERRITOIRE ET DOMAINE

A. — TERRITOIRE

Nom. — L'Ile-Saint-Denis.

Dénomination des habitants. — Il n'existe pas de dénomination spéciale pour désigner les habitants de la commune.

Armoiries. — La commune n'a pas d'armoiries.

Limites du territoire, quartiers, hameaux, écarts. — Ainsi que l'indique son nom, la commune est limitée dans tous les sens par la Seine. Elle est constituée par une longue et étroite bande de terre resserrée entre deux bras du fleuve qui s'ouvrent au Sud de l'Ile-Saint-Denis, entre les communes de Gennevilliers et Saint-Ouen, et se referment au Nord à Épinay.

Elle communique avec les communes voisines, Gennevilliers à l'Ouest, Saint-Ouen au Sud-Est, Saint-Denis à l'Est et Épinay au Nord, seulement par trois ponts, dont deux sont situés à chacune de ses extrémités et l'autre en son milieu. C'est à proximité de ce dernier pont et près de celui qui se trouve à l'extrémité Sud que s'est agglomérée la population.

Le groupe le plus important d'habitations, celui où sont la mairie, les écoles, l'église, est situé près du pont qui fait communiquer la commune avec Saint-Denis ; l'autre groupe d'habitations ou quartier est au Sud de la commune, près du pont qui relie l'Ile-

Saint-Denis avec Saint-Ouen au lieu dit île de Saint-Ouen ou du Châtellier.

Lieux dits. — Pâtis d'Hautefeuille, le Coudrier, le Biocot, Fond de la Pâture, les Citeaux, la Couronne, la Frenette, la Remise, Ruelle Saint-Marc, les Portes, la Bellangère, le Poirier, le Haut Panier, la Fosse Arvin, l'Ile le Roi. En face la Briche, le Bûcher, le Saule Fleury, la Grève, Ferme Ortebout, Ile Saint-Ouen ou du Châtellier, Moulin de Cage, Ile des Vannes.

Superficie de la commune.— La superficie actuelle du territoire est de 98 h. 58 a. 32 c.

Dont propriétés bâties	30 h. 25 a. 69 c.
— non bâties . .	68 h. 32 a. 63 c.
Total égal.	98 h. 58 a. 32 c.

Arrondissement. — Saint-Denis.

Canton. — Saint-Ouen.

Circonscription électorale législative. — 1re circonscription de l'arrondissement de Saint-Denis.

Sectionnement électoral. — Pas de sectionnement.

Bureau de vote. — Un seul bureau de vote, à la mairie.

Circonscription judiciaire. — Justice de paix de Saint-Denis.

Circonscription de commissariat. — Commissariat Sud de Saint-Denis.

Orographie. — Point le plus élevé au-dessus du niveau de la mer : 30 m. 90 à l'entrée du pont qui relie la commune avec Saint-Denis ;

Point le plus bas : 27 m. 80 au lieu dit l'Ile le Roi, près du cimetière.

Hydrographie. — La commune était, il y a quelques années, traversée par un petit bras de Seine dit « bras du Bocage ». Il prenait entre l'église et la ferme Ortebout et débouchait en Seine près de la rue de l'Abbaye. Ce bras a été comblé. Aujourd'hui, il n'existe sur le territoire de la commune aucun cours d'eau, si on peut ainsi parler d'une commune qui est limitée, ainsi que l'indique son nom, dans tous les sens, par la Seine.

La largeur de la bande de terre varie entre 300 mètres entre les ponts de Saint-Denis et Gennevilliers et 50 mètres à la pointe Nord, près du pont d'Épinay.

B. — DOMAINE

Mairie. — La mairie est située quai de Seine, près du pont qui relie la commune avec Saint-Denis.

C'est une maison sans aucun caractère architectural et que rien ne distingue des habitations voisines. Elle a été acquise en 1836 moyennant un prix de 8.000 francs.

Tous les services y sont installés : bureaux, salle des mariages, bibliothèque. Le secrétaire et le garde champêtre y sont logés.

Une annexe sert de remise pour les pompes.

Écoles. — Il existe trois écoles.

L'une, celle des garçons, est située place des Écoles ; construite en 1852-1853, elle a une superficie totale de 813 m. 05, sur lesquels 325 m. 60 sont occupés par les bâtiments ; elle a coûté 38.000 francs environ.

L'autre, qui comprend l'école des filles et l'asile, est située rue du Bocage. Elle a été construite en 1893 et a coûté 46.311 francs ; sa superficie est de 350 m. 80.

L'école maternelle, construite en 1880, a coûté 60.740 fr. 12. Dans cette somme est comprise la dépense pour l'acquisition du terrain nécessaire à la construction de l'école de filles.

Les trois écoles appartiennent à la commune.

Église. —L'église est située sur le quai du grand bras de Seine, vis-à-vis de la ville de Saint-Denis. Elle occupe une superficie de 16 a. 20 c.

L'édifice a la forme d'un octogone dont deux des côtés sont prolongés par des avant-corps. Celui qui est en façade sur le quai offre un ensemble architectural composé de deux pilastres cannelés d'ordre dorique, qui supportent un entablement complet, dont la corniche à denticules est surmontée par un fronton triangulaire. Cette portion de l'édifice forme une loggia au fond de laquelle se trouve la porte d'entrée, décorée d'un chambranle mouluré couronné d'une corniche.

Intérieurement, l'église reproduit les dispositions du plan ci-dessus décrit. L'autel est adosssé au mur du fond faisant face à la porte au-dessus de laquelle se trouve une petite tribune contenant l'orgue.

Il convient de mentionner une statue en pierre portant un enfant Jésus, qui est adossée au mur de droite.

Construite en 1884, sur l'emplacement de l'ancienne église, qui datait des dernières années du XVIIIe siècle, elle a coûté 77.000 francs en chiffres ronds. La dépense a été couverte par des cotisations, des secours de l'État, de l'archevêché et de la préfecture.

Des réparations exécutées en 1892 ont donné lieu à une dépense de 2.641 fr. 50. Elle appartient à la commune.

Temple, synagogue.— Il n'y a pas, dans la commune, d'édifice, consacré au culte, autre que l'église.

Presbytère. — La commune ne fournit pas de logement au desservant. Celui-ci habite un immeuble situé près de l'église, quai de Seine, et qu'il loue à son gré.

Cimetière. — Le cimetière communal est situé quai de la Marine. Il a une superficie de 29 a. 82 c.

Il a été dépensé en 1893 une somme de 10.910 fr. 73 pour l'agrandir ; cet agrandissement a été obtenu au moyen de l'acquisition d'une parcelle de 646 m. 74 échangée sans soulte pour une autre de 323 m. 37.

Un caveau provisoire est en cours de construction. Par délibération du 23 juin 1899, approuvée le 2 septembre suivant, le Conseil municipal a accepté un devis qui lui était soumis et a décidé son exécution dans la limite d'une dépense de 2.652 fr. 08.

Il n'existe ni *hospice*, ni *hôpital*, ni *crèche*, ni *dispensaire*, ni *fourneau économique*, ni *théâtre*, ni *abattoir*, ni *morgue*, ni *fourrière*, ni *terrains communaux*, ni *fort*.

Marché. — Ainsi qu'on le verra p. 54, un marché aux comestibles se tient deux fois par semaine, sous abris mobiles, sur le trottoir de gauche du chemin de grande communication n° 10 ou rue Méchin.

Fontaine.— Une fontaine publique a été élevée, en 1873, rue de la Commune. Elle se compose d'un dé octogonal en pierre, exhaussé sur deux marches de même forme. Ce dé supporte un groupe de quatre enfants entourant un piédouche terminé par une vasque circulaire d'où l'eau jaillit d'une touffe de roseaux.

Les quatre enfants tiennent dans leurs mains des attributs symboliques : un nid, une couronne de fleurs, une gerbè de blé, un fléau. Ce groupe est en fonte et provient des hauts fourneaux du Val-d'Osne.

Monument commémoratif. — Le 14 juillet 1900 a été inauguré, sous la présidence de M. le docteur Basset, conseiller général, un monument commémoratif, élevé dans le cimetière de la commune à la mémoire des enfants de l'Ile-Saint-Denis, morts pour la patrie et de ceux qui sont morts victimes du devoir.

Ce monument, qui a coûté 1.305 francs, a été élevé, partie avec le produit de souscriptions, partie au moyen d'un secours prélevé sur le produit de l'octroi de banlieue.

§ II. — DÉMOGRAPHIE

A. — POPULATION

Les dénombrements faits depuis 1801 donnent les chiffres ci-après :

1801	214
1817	185
1831	223
1836	243
1841	249
1846	323
1851	363
1856	547
1861	790
1866	1.072
1872	1.249
1876	1.350
1881	1.730
1886	1.656
1891	2.268
1896	2.333

1. Un siècle auparavant, en 1709, lors du dénombrement des paroisses de la Généralité de Paris, la population de l'Ile-Saint-Denis ne comprenait que 101 feux. (*Appendice* (p. 424) *au Mémoire de la Généralité de Paris pour l'instruction du duc de Bourgogne*, publié dans la Collection des documents inédits de l'Histoire de France, par M. de Boislisle.)

On voit donc qu'au cours de ce siècle la population de la commune a plus que décuplé.

Voici les résultats détaillés du dernier recensement :

Population *résidente : 2.333.*

Résidents présents	2.277	2.333 habitants
— absents	28	
Population comptée à part . . .	28	

La population, *recensée comme présente* le 29 mars 1896, se décompose ainsi :

	ENFANTS ou célibataires	MARIÉS	VEUFS	DIVORCÉS	TOTAL
Hommes	528	522	112	»	1.162
Femmes	489	515	139	»	1.143
	1.017	1.037	251	»	2.305

Si l'on classe la population de l'Ile-Saint-Denis au point de vue de la provenance, on obtient les résultats suivants :

4/5es d'habitants venus de divers points de la France ;

1/5e d'habitants nés à l'Ile-Saint-Denis ;

» d'Alsaciens et étrangers.

Voici, en outre, dans le tableau ci-dessous, le classement de la population de la commune par nationalité :

		HOMMES	FEMMES	TOTAL
Français	Nés de parents français	1.126	1.107	2.233
	Naturalisés	»	»	»
Étrangers	Anglais	»	1	1
	Allemand	»	1	1
	Belges	22	18	40
	Hollandais	»	1	1
	Luxembourgeois	»	3	3
	Italiens	8	3	11
	Suisses	4	7	11
	Autres nationalités	2	2	4
		1.162	1.143	2.305

Les départements qui fournissent le plus fort contingent à l'Ile-Saint-Denis sont les suivants :

Nord	131	habitants.
Seine-et-Oise	123	—
Oise	58	—
Aisne	58	—
Seine-et-Marne	47	—
Somme	42	—
Seine-Inférieure	41	—
Pas-de-Calais	39	—
Côtes-du-Nord	29	—
Manche	26	—
Meurthe-et-Moselle	25	—

En résumé, la population de la commune, considérée au point de vue du lieu de naissance des habitants, se répartit ainsi :

Français	2.233	dont	»	nés dans la commune.
Étrangers	72	dont	»	—
Soit un total de	2.305	dont	»	nés dans la commune.

Dans l'année 1899, l'état civil a enregistré :

79 naissances ;
64 décès ;
23 mariages ;
3 divorces.

B. — HABITATIONS

Nombre de maisons : 306.

Habitations composées d'un rez-de-chaussée	59
— d'un étage	135
— de deux étages	84
— de trois étages	25
— de quatre étages	3
Total	306

dont . . . . 291 occupées.
et. . . . . 15 vacantes.
Nombre de logements : 702, occupés par . . . 87 isolés.
et . . . 615 familles.
23 ateliers, magasins ou boutiques.

C. — DIVERS

Électeurs inscrits en 1900. — 581.

Recrutement. — 26 conscrits ont tiré au sort en 1900.

Chevaux. — 47 chevaux appartenant à 28 propriétaires :

Chevaux entiers.	8 dont	» au-dessous de 6 ans
Chevaux hongres	22 dont	» —
Juments	16 dont	» —
Mulet.	1 dont	» —
Totaux	47 dont	» au-dessous de 6 ans

Voitures. — 17 voitures appartenant à 14 propriétaires.

	8 à 2 roues, attelées	de 1 cheval
	3 —	de 2 chevaux
	6 à 4 roues, attelées	de 1 cheval
	» —	de 2 chevaux
Total. .	17	

§ III. — FINANCES

A. — CONTRIBUTIONS

Principal des contributions directes en 1900 :

Contribution	foncière	4.320 »
—	personnelle et mobilière. . . .	7.719 »
—	des portes et fenêtres	3.037 »
—	des patentes	4.913,67
	Total	19.989,67

Perception des contributions. — La commune dépend de la perception de Saint-Denis. Le percepteur de cette circonscription se rend à l'Ile-Saint-Denis, le 2e vendredi de chaque mois, où il se tient à la disposition des contribuables, de 11 heures à 3 heures, à la mairie.

B. — OCTROI

Il n'existe pas d'octroi dans la commune.

C. — FINANCES COMMUNALES

Recettes ordinaires d'après le compte de 1899.		35.060,41
— extraordinaires — — .		21.113,63
	Total	56.174,04 [1]
Dépenses ordinaires d'après le compte de 1899.		32.435,62 [2]
— extraordinaires — — .		17.194,33 [2]
	Total	49.629,95 [3]

Les dépenses ordinaires se répartissent ainsi entre les principaux services :

1° Administration et police	11.359,68
2° Voirie.	8.566,43
3° Bienfaisance.	2.959,92
4° Enseignement	5.012,29
5° Dépenses diverses	4.537,30

Emprunts. — La commune, autorisée par arrêté préfectoral du 30 septembre 1892, a emprunté à la Caisse des dépôts et consignations, pour la construction d'une école de filles, une somme de 25.500 francs. L'emprunt a été contracté pour une durée de 30 ans à compter du 1er janvier 1893.

Le montant du service des intérêts, frais de commission et autres, pour la période complète de l'amortissement, s'élève à 19.049 fr. 40, ce qui porte le total de l'amortissement en capital, intérêts, frais de commission et autres charges accessoires, à 44.549 fr. 40.

1. Ces recettes constituent les ressources normales de la commune.

2. Non compris les restes à payer devant figurer au compte administratif de l'année suivante.

3. Ce total représente les dépenses normales de la commune.

Il est pourvu à l'amortissement au moyen d'une imposition de 5 c. 8.

A la fin de 1899, il restait à rembourser, sur le capital, 21.978 fr. 11 et 12.176 fr. 43 sur les intérêts et les frais.

Par arrêté préfectoral du 26 août 1899, la commune a été autorisée à emprunter au Crédit foncier de France une somme de 6.800 francs, remboursable en 10 ans, à compter du 31 janvier 1900.

Cette somme est destinée à couvrir les dépenses d'élévation des eaux et à acquérir un siphon élévateur.

Le montant des remboursements, capital, intérêts et frais, s'élèvera à 8.327 fr. 70. Il y sera pourvu au moyen d'une imposition extraordinaire de 4 c. 2.

Par arrêté préfectoral du 27 avril 1899, la commune a été autorisée à emprunter au même établissement, pour l'installation d'une cabine téléphonique publique, une somme de 2.200 francs remboursable en 20 ans au moyen du produit des taxes de cette cabine.

Secours. — La commune a reçu, depuis 1890, divers secours, savoir :

Année 1890 : Achat d'une pompe à incendie, 1.000 francs.

Année 1892 : Remblayement partiel du bras du Bocage, 2.650 francs.

Réparations à la mairie, 1.687 francs.

Année 1893 : Agrandissement du cimetière, 9.983 fr. 83.

Année 1895 : Établissement d'un plan de nivellement de la commune, 783 fr. 50.

Année 1896 : Érection d'une borne-fontaine, 1.175 francs.

Année 1898 : Équilibre du budget de 1897, 1.721 francs.

Construction d'une borne-fontaine au pont de Saint-Ouen, 8.000 francs.

Année 1899 : Élévation des eaux, viabilité de la rue de l'Abbaye, etc., 2.791 francs.

Valeur du centime en 1900. — 199 fr. 80.

Nombre de centimes. — 102,5 dont 13,8 extraordinaires.

Charges par habitant. — 13 fr. 10.

Receveur municipal. — Les fonctions de receveur municipal sont remplies par le percepteur de Saint-Denis qui, en 1899, a reçu un traitement de 1.386 francs.

II. — SERVICES PUBLICS

§ I. — BIENFAISANCE

Bureau de bienfaisance. — Le Bureau de bienfaisance secourt environ deux cents individus, dont cinquante sont inscrits sur la liste d'assistance.

Cette liste est revisée chaque année, au mois de novembre, par une commission administrative nommée à cet effet.

Les indigents inscrits reçoivent, chaque dimanche, un bon de pain de 0 fr. 60 et un bon de viande de 1 fr. 10 ; ces bons peuvent être échangés par les intéressés chez deux boulangers et deux bouchers de la localité.

En hiver, à ces distributions, on ajoute, chaque quinzaine, un bon de charbon d'une valeur de 0 fr. 90.

L'assistance médicale est assurée par un médecin de la localité, attaché au Bureau et qui reçoit un traitement annuel de 150 francs.

Une sage-femme reçoit 60 francs par an, pour les accouchements des indigentes.

Les médicaments sont délivrés gratuitement aux indigents sur visa des administrateurs du Bureau de bienfaisance. Ils sont fournis par un pharmacien de la localité. Cette fourniture donne lieu à une dépense annuelle de 500 francs.

Voici, au surplus, le compte de cet établissement pour 1899 :

RECETTES

Rentes sur l'État	317 »
Legs Godard-Desmarets	6 »
Intérêts de fonds placés au Trésor	19,65
Produit des concessions de terrains dans le cimetière	590 »
A reporter	932,65

Report	932,65
Produit du droit des pauvres sur les bals, spectacles, concerts, fêtes	498 »
Subvention de la commune	350 »
Dons, souscriptions, quêtes	323 »
Excédents de recettes de l'exercice précédent. . . .	1,361 18
Subvention départementale pour la fête nationale .	37 »
Total des recettes	3,501,83

DÉPENSES

Traitement du médecin	143 »
— du receveur-trésorier	67 »
— de l'employé chargé du service	50 »
— de la sage-femme	40 »
Frais de bureau et de timbres.	7,20
Distribution de viande.	482,90
— de pain.	450,20
— de combustibles	167,92
— de médicaments	223,55
Confection de comptes et budgets	25 »
Secours en argent	43 »
Emploi de la subvention pour la fête nationale. . .	37 »
Total des dépenses	1,736,77

Soit un excédent de recettes de 1.765 fr. 06.

Les fonctions de trésorier du Bureau de bienfaisance sont remplies par le receveur municipal.

L'origine des rentes du Bureau de bienfaisance n'est pas connue.

Traitement des malades dans les hôpitaux de Paris. — Les malades indigents de la commune sont envoyés en traitement dans les hôpitaux de Paris ; c'est l'hôpital Lariboisière qui est plus spécialement désigné pour les recevoir.

Conformément aux délibérations du Conseil général du 3 avril 1890 et du Conseil municipal de Paris, du 25 mars de la même année, la commune paye pour le traitement de ses malades indigents, dans les hôpitaux de Paris (délibération du 20 juin 1890), un abonnement basé sur le nombre moyen des trois années précédentes et calculé à raison de 1 franc par jour et par malade.

Nombre de journées en 1899 : 863, soit un prix de 863 francs.

Le transport des malades est fait par un loueur de Saint-Denis.

La commune paye une somme de 10 francs par voyage de jour ou de nuit.

Assistance à domicile. — En vertu des délibérations des 18 décembre 1895 et 26 avril 1896, le Conseil général inscrit annuellement, au budget départemental, une somme de 50.000 fr. dans le but de contribuer aux dépenses faites par les communes pour l'assistance à domicile des vieillards indigents, infirmes ou incurables.

Le montant de la contribution départementale est déterminé par l'Administration et doit correspondre au tiers de l'allocation municipale qui d'ailleurs est facultative.

Les vieillards ainsi secourus doivent remplir les conditions suivantes : avoir 65 ans et un séjour de 10 ans à Paris ou dans le département de la Seine.

Aucune condition d'âge n'est exigée des indigents infirmes et incurables.

La commune n'a pris aucune disposition en cette matière.

Aliénés. — Pendant l'année 1899, trois malades ayant leur domicile de secours à l'Ile-Saint-Denis ont été soignés dans les asiles ci-après et ont occasionné les dépenses suivantes :

1 à	Toulouse. . .	365 jours à	1 fr. 20. .	438 »
1 à	Sainte-Anne .	31 jours à	2 fr. 80. .	86 80
1 à	Sainte-Anne .	5 jours à	2 fr. 80. .	14 »
	Villejuif . . .	158 jours à	2 fr. 20. .	347 60
	Total			886 40

La commune étant appelée à contribuer jusqu'à concurrence de 30 °/₀ a dû payer :

$$\frac{886,40 \times 30}{100} = 265,92$$

le surplus, soit 620 fr. 48, est resté à la charge du département.

Enfants assistés et moralement abandonnés. — L'article 25 de la loi du 24 juillet 1889, sur la protection des enfants maltraités ou moralement abandonnés, dispose que, dans les départements où le Conseil général se sera engagé à assimiler, pour la dépense, les enfants faisant l'objet des deux titres de ladite loi, aux enfants assistés, la subvention de l'État sera portée au cinquième des dépenses tant extérieures qu'intérieures des deux services et le contingent des communes constituera pour celles-ci une dépense obligatoire, conformément à l'article 136 de la loi du 5 avril 1884.

Suivant délibération du 16 décembre 1889, le Conseil général de la Seine, dans le but de bénéficier des dispositions de l'article précité, ayant assimilé pour la dépense, à partir du 1er janvier 1890, les enfants maltraités ou moralement abandonnés aux enfants assistés, il en résulte que les communes n'ont à supporter qu'un seul contingent pour ces deux services.

La somme payée de ce chef, en 1899, par la commune de l'Ile-Saint-Denis a été de 605 francs.

Protection des enfants du 1er âge. — En 1899, les déclarations faites par les parents, conformément à l'article 7 de la loi du 23 décembre 1874, se résument ainsi qu'il suit :

	AU BIBERON	AU SEIN	TOTAL
Nombre d'enfants de l'Ile-Saint-Denis mis en nourrice dans le département de la Seine (hors Paris). . . .	»	»	»
Nombre d'enfants de l'Ile-Saint-Denis mis en nourrice hors du département de la Seine	7	»	7
	7	»	7

Deux déclarations d'élevage relatives à des enfants nés dans le département de la Seine ont été faites par des nourrices de la localité.

Secours aux familles des réservistes. — Des secours sont distribués aux familles des réservistes et des soldats de l'armée territoriale. La répartition a lieu d'après les bases suivantes : 1 franc par jour pour la femme, 0 fr. 50 pour le premier enfant et 0 fr. 25 pour chacun des autres.

En 1899, il a été distribué 410 francs.

Propagation de la vaccine. — Deux séances de vaccination ont lieu, chaque année, par les soins de l'Institut de vaccination animale, 8, rue Ballu, à Paris.

La deuxième séance a lieu en octobre ou novembre ; quoique spécialement consacrée aux enfants des écoles, un certain nombre d'adultes sont aussi vaccinés et revaccinés.

En 1898, le nombre total des opérations s'est élevé à 60.

En outre, 19 vaccinations ont été faites par une sage-femme de la localité.

La commune a reçu du département une subvention de 30 francs.

En raison du chiffre réduit de sa population et de la modicité de ses ressources, il n'existe dans la commune ni *crèche,* ni *dispensaire,* ni *fourneau économique,* ni *bureau municipal de placement gratuit;* il n'existe pas non plus de *société de secours mutuels.*

Caisse des écoles. — La Caisse des écoles de l'Ile-Saint-Denis a été fondée le 24 février 1878.

Elle comptait en 1899 cinq sociétaires payant chacun une cotisation de dix francs par an.

Elle a secouru, la même année, 132 enfants.

Voici sa situation financière:

RECETTES

Cotisations	150 »
Fêtes	195,75
Subvention du département	400 »
Subvention de la commune	250 »
Recettes diverses	42,20
Total	1.037,95

DÉPENSES

Distribution de chaussures	188 »
Fournitures scolaires	596,65
Classes de garde	235 »
Total	1.019,65
Soit un excédent de recettes de	18,30

§ II. — ENSEIGNEMENT

École de garçons. — Cette école est située rue de la Commune.

Elle comprend deux classes primaires élémentaires. Pendant l'année scolaire 1898-1899, elle a été fréquentée par 138 garçons, âgés de 6 à 13 ans au 1er janvier de ladite année. Le nombre d'élèves présents à l'école le 3 décembre 1898 était de 94, et de 93 le 3 juin suivant. 30 enfants ont fréquenté une autre école au cours de l'année scolaire.

Elle est dirigée par un instituteur titulaire chargé de cours et un instituteur stagiaire.

École de filles. — Elle est située rue du Bocage.

Elle comprend deux classes primaires élémentaires et une classe enfantine. Pendant l'année scolaire 1898-1899, elle a été fréquentée par 53 garçons et 43 filles âgés de moins de 6 ans au 1er janvier de l'année scolaire, et par 118 filles âgées de 6 ans révolus à 13 ans à la même époque. Au 3 décembre 1898, 147 enfants étaient présents à l'école et 165 au 3 juin suivant. 7 de ces enfants ont fréquenté une autre école au cours de l'année scolaire. A la tête de l'école, se trouve une directrice déchargée de classe et deux institutrices titulaires.

Enseignement du chant, du dessin et de la gymnastique. — Le chant et le dessin, auxquels il faut ajouter la gymnastique pour les garçons, font partie des matières enseignées par les instituteurs et institutrices.

Admission dans les écoles primaires supérieures et professionnelles de la ville de Paris. — Il y a eu à la fin de l'année scolaire 1898-1899 un élève garçon, admis au concours d'entrée dans les écoles primaires supérieures et professionnelles de la ville de Paris.

Cet élève est entré à l'école Chaptal.

Cantine scolaire. — Depuis le mois de février 1896, une cantine fonctionne, pour les deux écoles, dans les locaux de l'école de filles.

Du 1er novembre au 28 février, elle distribue des portions à raison de 0 fr. 10 par portion comprenant viande et légumes ou bouillon à certains jours.

On ne donne pas de portions gratuites. La cantine se suffit à elle-même; elle ne reçoit, en effet, de subvention ni du budget municipal ni de la Caisse des écoles.

Le matériel provient d'un don.

Classes de vacances. — Pendant un mois, chaque année, ont lieu, dans les deux écoles, des classes de vacances. En 1899, ces classes ont donné lieu à une dépense de 225 francs, payée par la Caisse des écoles.

Elles ont été fréquentées par 65 garçons et 101 filles.

Cours d'adultes. — Dans chaque école ont lieu aussi, du mois de novembre au mois de mars, des cours d'adultes portant sur les matières du programme primaire élémentaire.

A l'école de filles, les élèves sont au nombre de 80 environ, de 25 à l'école de garçons.

Ces cours donnent lieu à une dépense de 200 francs par an, supportée par le budget de la commune. Lors de la distribution des prix aux élèves des écoles communales, des récompenses sont données aux élèves les plus méritants de ces cours.

Il n'a encore été organisé dans la commune ni *classes de garde,* ni *excursions scolaires*, ni *patronage laïque.*

Association philotechnique. — Cette société n'a pas de section à l'Ile-Saint-Denis.

Il n'a été fait ni *dons* ni *legs aux écoles.*

Bibliothèques scolaires. — Dans chaque école il existe une bibliothèque scolaire. Elles ont été fondées en 1874.

A l'école de garçons, le nombre de volumes est de 330, celui des prêts, pendant l'année 1899, a été de 1.350;

A l'école de filles, le nombre de volumes est de 323; celui des prêts, pendant la même année, a été de 1.122.

§ III. — VOIRIE

En raison de sa situation spéciale, la commune n'est traversée que par la route départementale n° 9, de Paris à Épinay, et par deux chemins de grande communication. La longueur de ces voies sur le territoire de la commune est très peu importante. C'est ainsi que la première de ces voies a, sur l'Ile-Saint-Denis, à peine 200 mètres; le chemin de grande communication n° 10, de Rueil à Bondy, a 310 mètres, et celui de Gennevilliers à Vincennes, n° 20, à un parcours de 360 mètres, y compris les ponts de l'Ile-Saint-Denis.

Les chemins vicinaux ont une longueur de 4.452 mètres et sont au nombre de quatre.

Chemins ruraux.	2.343 mètres
Voirie urbaine.	1.988 mètres

Route départementale.— La route départementale *n° 9, de Paris (porte de Clichy) à Épinay*, a une longueur totale de 7.466 mètres. Elle part de la porte de Paris (dite porte de Clichy), traverse la Seine sur les trois ponts de Clichy, pénètre dans Asnières jusqu'à la place Voltaire et se dirige vers Gennevilliers, qu'elle contourne, pour aboutir à Épinay après avoir traversé sur une longueur de 200 mètres au plus le territoire de l'Ile-Saint-Denis et franchi une seconde fois la Seine sur les deux ponts d'Épinay.

Sur le territoire de la commune, cette voie a une largeur uniforme de 15 mètres et des trottoirs de 3 m. 75 de chaque côté, plantés de platanes.

La chaussée est empierrée avec caniveaux pavés de 0 m. 60 ; les trottoirs sont sablés. Les ponts, dits ponts d'Épinay, sur lesquels elle franchit la Seine, ont 93 mètres et 137 mètres de longueur. Sur ces ponts, la chaussée a 7 m. 50 ; elle est empierrée avec caniveaux pavés de 0 m. 50 et trottoirs bitumés de 1 m. 85 de largeur chacun.

Chemins de grande communication. — Le chemin de grande communication *n° 10, de Rueil à Bondy*, a une longueur totale de 23.933 mètres.

Il traverse les communes de Nanterre, Colombes, Gennevilliers, l'Ile-Saint-Denis, Saint-Denis, La Courneuve, Drancy, Bobigny, Noisy-le-Sec et Bondy.

La chaussée est pavée sur le territoire de l'Ile-Saint-Denis.

Le chemin de grande communication *n° 20, de Gennevilliers à Vincennes*, traverse les communes de Gennevilliers, Saint-Ouen, l'Ile-Saint-Denis, Saint-Denis, Aubervilliers, Pantin, Pré-Saint-Gervais, Les Lilas, Bagnolet et Montreuil.

Il traverse l'Ile-Saint-Denis au Sud de la commune et la fait communiquer par deux ponts avec Gennevilliers et Saint-Ouen.

Chemins vicinaux ordinaires. — On verra par le tableau ci-dessous la situation des chemins vicinaux ordinaires qui sillonnent le territoire de la commune :

NUMÉROS	DÉSIGNATION DES CHEMINS	LONGUEUR	ORIGINE	FIN	LARGEUR moyenne TOTALE	CHAUSSÉE	CHAUSSÉE NATURE	ÉTAT	OBSERVATIONS
		m.			m.	m.			
1	DU CIMETIÈRE ..	1.250	Chemin de gr. commun. n° 10.	300 mètres au delà du cimetière communal.	8	5	Empierrement avec bordures en grès, côté des maisons et trottoirs en terre, côté de la Seine.	bon	Conduites transversales débouchant directement en Seine, une ligne d'arbres (côté du fleuve), viabilité sur 1.140 m., lacune sur 110 m.
2	DU QUAI DE SEINE.........	414	id.	Tête sud du pont sur l'ancien bras du Bocage	8	5	id.	id.	»
3	DE L'ILE DU CHATELLIER ..	2.270	Tête sud du pont sur l'ancien bras du Bocage	Pointe méridionale de l'île du Châtellier	8	5	Empierrement avec caniveaux et bordures	id.	Une conduite transversale débouchant directement en Seine, viabilité sur 105 mètres, lacune sur 2.165 m.
4	DE L'ORTEBOUT.	518	id.	Chemin de gr. commun. n° 10.	8	5	Empierrement avec bordures d'un côté et trottoirs en terre de l'autre.	id.	Une ligne d'arbres du côté du fleuve
	TOTAL....	4.452							

Entretien. — Les dépenses relatives à l'entretien se sont élevées, en 1899, à 4.951 fr. 19. (Le département a alloué une subvention de 1.096 fr. 22.)

Les recettes pour le même objet se sont élevées en 1899 à 4.410 fr. 17.

Travaux neufs exécutés	Établissement de trottoirs bitumés, quai de la Marine (chemin vicinal ordinaire n° 1). . . . . . . 8.562,69 Plan d'alignement du chemin n° 1 entre le cimetière et les ponts d'Epinay, arrêté préfectoral du 10 décembre 1898.
Projet en préparation	Les travaux de viabilité du chemin de l'île de Châtellier sur le point d'être mis en adjudication. . . 100.000 »

Chemins ruraux. — Il existe deux chemins ruraux, le chemin du bac de Saint-Ouen à Gennevilliers qui a une longueur de

543 mètres et le chemin du cimetière prolongé qui a 1.800 mètres de longueur.

Aucun travail n'a été exécuté en 1899 et il n'existe aucun projet en préparation pour ces chemins.

Voirie urbaine. — Il existe neuf rues ayant une longueur totale de 1.988 mètres.

Travaux faits dans l'année et dépenses correspondantes	Plan d'alignement rue de l'Abbaye et ruelle des Pêcheurs. — Viabilité de la rue de l'Abbaye. — Modification du siphon élévateur. — Acquisition d'un terrain Lancelot. — Construction d'un caveau provisoire au cimetière. Construction d'une citerne place des écoles pour le puits artésien. — Construction d'un hangar, canalisation du gaz, pompe centrifuge, tuyauterie, moteur à gaz.	16.602,79
Projets en préparation	Amélioration et assainissement de la rue de l'Eglise, la rue du Bocage, la rue de la Grève et la place du Javeau, la rue de la Commune, la rue du Saule-Fleury, la rue du Bocage prolongée. Ruelle des Pêcheurs. — Établissement d'un caniveau pavé	61.900 »

Prestations. — Par suite de l'insuffisance des ressources ordinaires de la commune, applicables à l'entretien des chemins vicinaux, le Conseil municipal vote, chaque année, trois journées de prestations en nature dont la valeur en argent est appréciée par le Conseil d'arrondissement et le Conseil général.

Le rôle de l'année 1901 comporte 543 articles imposés se décomposant ainsi qu'il suit :

1.776 journées d'homme à 2 francs	3.552 »
153 journées de voiture à 2 fr. 25	344,25
9 journées de cheval ou de mulet à 2 fr. 25 . .	6,75
144 journées d'âne à 0 fr. 75	324 »

Aucune journée de prestation n'est faite en nature.

Enlèvement des boues et balayage. — Aux termes d'un arrêté municipal, en date du 3 mars 1899, chaque propriétaire est tenu de balayer au droit de soi. L'enlèvement des boues a lieu deux fois par semaine, le mercredi et le samedi, de 11 heures à midi, au moyen d'un tombereau que le maire met gracieusement à la disposition des habitants de la commune.

Entretien des rues et des chemins ruraux. — Les travaux

auxquels donne lieu l'entretien des rues et des chemins ruraux sont très peu importants; aussi ils sont exécutés par l'entrepreneur adjudicataire des travaux pour l'entretien des chemins vicinaux ordinaires et aux mêmes prix et conditions.

Droits de voirie et de stationnement. — Par délibérations des 28 septembre et 6 novembre 1885, approuvées le 23 octobre 1886, des droits de voirie ont été établis dans la commune d'après un tarif que l'on trouvera aux Annexes.

Ces droits ont produit, en 1899, une somme de 305 fr. 57.

Jusqu'en ces dernières années, des droits d'attache et de stationnement étaient perçus par la commune sur les bateaux de commerce, qui, amarrés, soit à des pontons établis sur la rive du fleuve, soit à la rive elle-même, y stationnaient et occupaient une partie des bas-ports pour le dépôt des marchandises. Cette perception avait lieu d'après un tarif approuvé par arrêté ministériel de décembre 1842.

Le produit annnel de ces droits s'élevait à 10.000 francs environ par an, ce qui n'a rien d'étonnant quand on sait qu'une moyenne de 70 à 80 bateaux stationnent constamment dans le grand bras de la Seine et qu'à certaines époques leur nombre s'élève jusqu'à 150. On évalue d'ailleurs à 75.000 par an le nombre des mariniers qui s'arrêtent dans la commune, ce qui représente une population fixe de 600 personnes environ.

En 1894, la légalité de cette perception a été contestée par la Compagnie générale de navigation qui se basait sur ce que le tarif n'avait pas été approuvé par décret gouvernemental, mais seulement par arrêté ministériel. Elle prétendait qu'il devait en être ainsi, parce que le chef de l'État, représentant seul tous les intérêts généraux, pouvait avoir seul compétence pour statuer sur une matière mettant en jeu des intérêts complexes, ressortissant à plusieurs départements ministériels, et enfin que les ministres, n'ayant pas le pouvoir réglementaire, ne pouvaient avoir compétence pour approuver les taxes de stationnement.

La ville prétendait, au contraire, qu'aucun texte de loi n'oblige les communes à obtenir un décret d'homologation des tarifs en vertu desquels elles perçoivent des redevances sur les dépendances du domaine public et que l'approbation de ces tarifs par l'autorité ministérielle n'est, au contraire, qu'une application régulière, tant des principes généraux sur l'administration du domaine public que des textes spéciaux aux droits des communes sur les dépendances de ce domaine.

Par un jugement du tribunal civil de la Seine en date du 1er décembre 1896, rendu en conformité de la jurisprudence de la chambre civile de la Cour de cassation, les prétentions de la Compagnie générale de navigation avaient été déclarées fondées.

Nous devons ajouter cependant que, dans une affaire identique, le tribunal civil de Lyon, par jugement du 21 février 1896, a donné gain de cause à cette ville. Le jugement ayant été cassé par la Cour de cassation a été renvoyé devant le tribunal de Villefranche. Dans l'arrêt de cassation, on lit : « Que si le préfet a le droit « d'autoriser les tarifs de droits de stationnement et de location, « c'est seulement lorsqu'il s'agit d'objets touchant à un intérêt « d'administration départementale ou communale, mais qu'il faut « un décret quand il s'agit de l'intérêt général de l'État et qu'il en « est ainsi, notamment, des droits de stationnement et d'amarrage « sur les ports, quais, rivières et autres dépendances de la grande « voirie, droits dont la perception pourrait porter atteinte à la « liberté du commerce et de la navigation. »

Lors de cet arrêt, l'avocat général a dit qu'au point de vue pratique, la doctrine de la Cour de cassation était regrettable, qu'elle allait jeter le trouble dans la situation budgétaire des communes. « Aussi, pour ma part, a-t-il ajouté, je serais heureux que la question, peut-être incomplètement examinée lors des arrêts de 1890 « et de 1895, fût, grâce à la résistance de la cour de renvoi, soumise « aux chambres réunies de la Cour de cassation. Et dans ce cas, « reprenant ma liberté entière, je combattrais peut-être cette « jurisprudence. »

La Cour de renvoi a entendu cet appel et l'affaire est revenue devant la Cour de cassation, toutes chambres réunies, qui vient, par un arrêté du 14 décembre 1900, de décider que les tarifs de droits de stationnement et d'amarrage, même relatifs à la grande voirie, peuvent être approuvés par le Ministre de l'intérieur sans qu'il soit besoin d'un décret du chef de l'État.

Ponts. — A raison de la situation particulière de la commune, il existe autant de ponts qu'il y a de voies de communication traversant la commune.

Sur le chemin de grande communication n° 10, qui passe au centre de la localité, se trouvent deux ponts suspendus reliant la commune, l'un avec Saint-Denis, l'autre avec Gennevilliers. Ils ont l'un et l'autre une largueur de 8 mètres; le premier a une longueur de 120 mètres environ et le second 100 mètres. Ces ponts, qui datent de 1844, sont les derniers ponts suspendus existants dans le département de la Seine; jusqu'en 1885, date du rachat, ils ne pouvaient être franchis que moyennant le payement d'un droit de péage. Les frais de rachat ont été supportés par les trois communes intéressées. La part de l'Ile-Saint-Denis dans la dépense a été de 20.000 francs.

Lors de leur construction, la circulation et les transports étaient loin d'avoir l'intensité et l'importance qu'ils ont aujourd'hui. Aussi, ces ouvrages ne répondent-ils plus aux besoins des habitants de la commune. Ils sont l'objet des préoccupations constantes de la municipalité, de l'administration et du Conseil général; seule la dépense très élevée qui en résulterait a fait qu'on n'a pas pu leur substituer des ouvrages répondant mieux aux nécessités de l'heure présente.

Deux autres ponts existent au Nord de la commune et la font communiquer, dans cette partie, avec Gennevilliers et Épinay. Construits pour le prolongement de la route départementale n° 9 de Paris (porte de Clichy) à Épinay, ils ont, ainsi qu'on l'a dit page 42, l'un 93 mètres de longueur et l'autre 137 mètres; leur largeur est de 7 m. 50.

Deux autres ponts font communiquer la partie Sud de la commune avec Gennevilliers et Saint-Ouen, au point où le chemin de grande communication n° 20 traverse l'Ile-Saint-Denis.

Canal. — Il n'existe dans le département de la Seine d'autres canaux que ceux de l'Ourcq, de Saint-Denis et de Saint-Martin. Ce dernier a tout son parcours dans l'intérieur de Paris et aucun des deux autres ne traverse l'Ile-Saint-Denis.

Ru. — Aucun cours d'eau autre que le fleuve qui sert de limite à la commune ne coule sur son territoire.

Port. — Ainsi qu'on l'a vu dans le paragraphe « Droits de voirie et de stationnement », page 45, le grand bras de la Seine, du côté de Saint-Denis, est un port d'amarrage très fréquenté par la marine marchande, faisant le parcours entre Paris, Rouen et Le Havre. On peut en juger par les chiffres ci-dessous:

En 1897, le nombre des bateaux qui ont fait des chargements dans la basse Seine a été de 4.301. Ils ont pris 306.106 tonnes, et ceux qui ont fait des déchargements ont été au nombre de 8.201 ayant déchargé 1.976.714 tonnes.

Les marchandises, ainsi chargées et déchargées, sont des combustibles minéraux, des matériaux de construction minéraux, des engrais et amendements, des bois à brûler et bois de service, des machines, des produits de ou pour l'industrie métallurgique, des produits industriels, des produits agricoles et des denrées alimentaires.

Égouts. — Il y a quelques années, il existait, à peu près à la hauteur de l'église, un petit bras de Seine appelé « bras du Bocage » qui recevait une partie des eaux de la commune ; ce bras a été comblé. Son remblayement a nécessité la construction de trois tronçons d'égout qui se déversent en Seine.

Le premier, qui a été construit en 1895, est situé sous le chemin de grande communication n° 10. Il a une longueur de 202 mètres.

Le deuxième est un égout communal construit en 1898 sous la rue du Bocage et qui a coûté 22.025 francs. Il a une longueur de 118 mètres ; il se déverse dans le précédent.

Enfin le troisième est, comme le premier, un égout départemental. Il sert à recueillir les eaux au point bas du pont d'Épinay. Il a une longueur de 32 mètres.

Le curage de ces trois tronçons est effectué par le service départemental.

Pour l'année 1899, la commune a eu à payer, pour sa part dans l'exécution de ce travail, une somme de 142 francs.

Distance de Paris. — La distance de Paris (parvis Notre-Dame) à l'Ile-Saint-Denis (mairie) est de 10 kilomètres 400 mètres.

Distance des communes du canton :

Saint-Ouen est à 3 kilomètres 200 mètres.

Épinay est à 4 kilomètres 400 mètres.

Moyens de transport. — Le chemin de fer du Nord, à la gare de Saint-Denis, qui est à quelques minutes de l'agglomération, est le moyen de transport le plus pratique et le plus commode pour les habitants de la commune.

On sait qu'en outre des trains de grandes lignes, cette gare est desservie par un train-tramway qui circule chaque jour entre 5 heures du matin et minuit, à raison de quatres voyages par heure, et qui a transporté, en 1898, 2.272.000 voyageurs.

A cause de la proximité des deux localités, les différents

tramways (Saint-Denis-Madeleine ; Saint-Denis-Neuilly ; Saint-Denis-Opéra ; Saint-Denis-Porte-de-la-Chapelle ; Saint-Denis-Châtelet), pour la plupart à traction mécanique, qui relient Saint-Denis à différents points de la capitale et des environs, peuvent être employés par les habitants de l'Ile-Saint-Denis.

Eaux. — La commune est alimentée par un puits artésien foré en 1870, place des Écoles, dont la profondeur est de 103 m. 20; il atteint les sables inférieurs du Soissonnais et, par conséquent, l'eau est jaillissante.

Ce puits est armé d'une pompe, actionnée par un moteur à gaz, qui déverse l'eau dans deux réservoirs d'une capacité de 27 mètres cubes, et dans deux citernes de 30 mètres chacune.

Le rendement actuel est de 60 mètres cubes par jour d'une eau potable excellente, quantité qui correspond, environ, à une consommation de 12 litres par habitant.

Le service est fait par la commune qui n'a pas établi de canalisation dans les maisons particulières, mais qui a organisé la distribution de l'eau dans tous les quartiers au moyen de douze bornes-fontaines.

En outre, une conduite d'eau de la Compagnie générale des Eaux traverse la Seine au pont de Saint-Ouen et alimente une borne-fontaine établie sur le chemin de grande communication n° 20; aucun traité n'a cependant été passé entre la commune et la Compagnie.

Éclairage. — Pour l'éclairage au gaz, la commune a traité avec la Compagnie parisienne. La date de la concession est du 21 juillet 1873; elle a été approuvée le 25 février suivant; elle doit prendre fin en 1905.

Le prix du gaz est fixé, pour les bâtiments communaux et pour l'éclairage public, à 0 fr. 20 le mètre cube.

Pour les particuliers, il est fixé à 0 fr. 40 le mètre cube.

Le nombre des appareils éclairants est de 33, tous placés dans l'agglomération centrale de la commune.

La dépense s'est élevée en 1899 à 2.399 fr. 91.

Un certain nombre de lampes à huile sont posées sur la place du Javeau. Elles sont entretenues et allumées par le garde qui reçoit, pour ce travail, un salaire de 80 francs par an.

La dépense pour l'éclairage à l'huile s'est élevée en 1899 à 30 fr. 60.

§ IV. — JUSTICE ET POLICE

Justice de paix. — La commune de l'Ile-Saint-Denis dépend de la justice de paix de Saint-Denis.

Les audiences ont lieu, dans cette ville, les mardis et vendredis, à midi.

Les audiences de conciliation, les mardis, à la même heure et au même lieu.

Officier ministériel. — Il n'y a pas d'officier ministériel dans la commune.

D'après l'article 3 de la loi du 12 avril 1893, les notaires exercent leurs fonctions dans toute la circonscription de la justice de paix.

La commune dépend du 2e bureau des hypothèques de la Seine.

Le bureau de l'enregistrement est situé à Saint-Denis, rue Catulienne.

Commissariat et agents de police. — La commune dépend du commissariat Sud de Saint-Denis, dont les attributions s'étendent sur le quartier de la Plaine-Saint-Denis (décret du 16 février 1892).

Il comprend un commissaire de police, un secrétaire, un brigadier et vingt-quatre agents.

Depuis deux ans, un poste de police, dans lequel un agent est en permanence, est installé, 2, quai de la Marine. Le loyer de ce local, qui s'élève à 260 francs par an, est payé par la commune.

La proportion dans laquelle chaque commune du département contribue aux dépenses de police est fixée par le Préfet, en Conseil de préfecture, en exécution de l'article 3 de la loi du 10 juin 1853.

Enfin, d'après l'article 3 de la loi du 30 décembre 1873, les dépenses de police sont couvertes par les recettes attribuées à la commune sur les produits de l'octroi de banlieue.

La somme payée, en 1899, par l'Ile-Saint-Denis, pour ce service, s'est élevée à 3.046 francs.

Gendarmerie. — La commune est dans la circonscription de celle des brigades de gendarmerie casernée à Saint-Denis, cours Ragot, qui a la surveillance du Sud de la commune. La ligne séparative de la circonscription de ces deux brigades est une ligne passant par le canal Saint-Denis, la rue du Landy et celle des Poissonniers.

Garde champêtre.— Il y a un garde champêtre dans la commune. Cet agent est en même temps concierge de la mairie, où il est logé. Il reçoit un traitement annuel de 200 francs comme concierge, et de 1.200 francs comme garde champêtre.

Messier. — Il n'y a pas de *messier* à l'Ile-Saint-Denis.

§ V. — CULTES

Paroisse. — La commune constitue une succursale dont le titulaire reçoit un salaire de 900 francs par an.

Fabrique. — Conformément à l'article 3 du décret du 30 décembre 1809, le chiffre de la population étant inférieur à 5.000 habitants, le Conseil de fabrique est composé de cinq membres.

Budget. — Voici le compte de la fabrique pour 1898 :

RECETTES

Produit total de la location des bancs et chaises . .	571,60
Produit des quêtes pour les frais du culte	462,15
Part revenant à la fabrique dans les droits perçus sur les services religieux :	
Mariages	170 »
Convois	467,50
Produit des frais d'inhumation	2.052,55
Produit de la cire revenant à la fabrique	655 »
Excédent de recette de l'exercice précédent .	503,83
Total.	4.882,63

DÉPENSES

Dépenses de sacristie, combustible.	389,95
Entretien des objets et du mobilier nécessaires au culte.	200 »
Maîtrise	800 »
Logement du curé	800 »
Frais d'administration	24,85
Dépenses imprévues.	16,15
Binage	225 »
Total.	2.455,95
Soit un excédent de recette de	2.426,68

Fondation. — Il n'a été fait aucune fondation à la fabrique.

Congrégations. — Les sœurs de Saint-Joseph de Cluny, au nombre de cinq, dirigent une école de filles, rue de la Marine, n° 8.

§ VI. — SERVICES DIVERS

Poste et Télégraphe. — Le bureau de poste, qui comprend aussi le service télégraphique, est installé, 29, quai de Seine, près de la mairie.

Il est ouvert, chaque jour, en semaine, de 7 heures du matin à 7 heures du soir, l'été, c'est-à-dire du 1er mars au 31 novembre, et de 8 heures du matin à 7 heures du soir, l'hiver, c'est-à-dire pendant le reste de l'année.

Le dimanche, il est ouvert jusqu'à 3 heures du soir.

Le service est assuré par une receveuse, deux facteurs, un porteur de dépêches et un courrier qui fait le service entre le bureau de poste et la gare de Saint-Denis.

C'est le bureau de poste de l'Ile-Saint-Denis qui dessert le hameau de Villeneuve-la-Garenne.

On fait quatre distributions et six levées par jour.

Il existe, dans la commune, une autre boîte aux lettres, en outre de celle du bureau; celle-là est située, 28, quai de la Marine.

Caisse nationale d'épargne postale. — Voici le résumé des opérations effectuées en 1899, à l'Ile-Saint-Denis, par la Caisse nationale d'épargne postale :

100 livrets nouveaux ont été délivrés, représentant une somme de 9.899 fr. 76.

669 versements ont été effectués sur des livrets pris antérieurement. Le montant de ces versements s'est élevé à 52.227 fr. 22.

Le nombre des remboursements a été de 287, représentant une somme de 42.322 fr. 31.

Sapeurs-pompiers. — La subdivision de sapeurs-pompiers, formée en 1885, comprend un sous-lieutenant, un sergent, un caporal, un clairon et onze hommes.

Voici les dépenses, faites en 1899, pour ce service :

Solde des tambours et clairons.	150 »
Assurance en faveur des sapeurs-pompiers blessés, de leurs veuves ou de leurs enfants	94 10
Frais de registres, livrets, papiers.	19 50
Rachat de la prestation individuelle.	42 »
Entretien des pompes et accessoires.	100 »

L'assurance dont il est question a été contractée par la commune, pour dix ans, suivant police du 22 mai 1897. La prime annuelle est calculée à raison de 6 fr. 25 par homme.

En cas de mort, la Compagnie s'engage à payer à la famille une indemnité de 3.000 francs ; en cas de blessures, des indemnités de 2.000, 1.000 et 500 francs, selon la gravité des infirmités qui peuvent en résulter ; enfin, en cas d'incapacité temporaire, une indemnité de 2 fr. 50 par jour, pendant 180 jours. Les frais de médicaments et les soins du médecin sont aussi à la charge de l'assureur.

Depuis la signature de cette police, la loi de finances du 13 avril 1898 a, dans son article 58, établi un impôt de 6 francs, par million de valeurs assurées, au profit des sapeurs-pompiers. Le produit de cet impôt est, d'après l'article 59 de la même loi, réparti entre les communes pourvues d'un corps de sapeurs-pompiers, conformément à un barème dressé en tenant compte de l'effectif des Compagnies et du chiffre de la population. Celles-ci, Paris excepté, doivent, par un prélèvement sur cette subvention avant tout autre emploi, contracter une assurance à la Caisse nationale d'assurance contre les accidents, en vue de l'attribution de pensions aux sapeurs-pompiers, en cas de blessures ou d'accidents graves entraînant l'incapacité permanente de travail, à leurs veuves et orphelins mineurs, en cas de décès, par suite d'accidents en service.

Le surplus de la subvention est employé par ces communes et concurremment avec les crédits votés par les Conseils municipaux sur le budget communal et avec le produit de dons et legs ayant cette affectation :

1° A donner des secours pour soins médicaux et interruption de travail par suite d'accident en service ;

2° A donner des secours annuels renouvelables aux pompiers ayant au moins vingt-cinq ans de service et soixante-cinq ans d'âge ;

3° A l'achat et à l'entretien du matériel d'incendie.

Un règlement d'administration du 12 juillet 1899 a déterminé les mesures d'exécution de cette loi.

Depuis cette nouvelle législation, l'incapacité temporaire de travail et les soins médicaux et pharmaceutiques, ainsi que les frais funéraires, sont seuls à la charge des communes.

Le matériel se compose de deux pompes, un avant-train, un dévidoir, qui sont resserrés dans un local annexe de la mairie.

Une société de membres honoraires, fondée en 1886, comprend 60 sociétaires qui payent chacun une cotisation de 12 francs par an. A la fin de 1899, cette société avait en caisse une somme de 1.052 fr. 70.

Marché. — Les mercredis et samedis de chaque semaine, de 8 heures du matin à 2 heures, il se tient un marché sous abris mobiles, sur le trottoir de gauche du chemin de grande communication n° 10 ou rue Méchin, entre le quai de Seine et la rue du Bocage. Ce marché existe depuis le 5 septembre 1883.

L'exploitation en a été concédée par la commune à un entrepreneur, pour une durée de trois, six ou neuf ans, à partir du 5 septembre 1895, moyennant une redevance annuelle de 375 fr. 50.

Le tarif des places est le suivant :

Location d'un abri de 2 mètres de façade sur 2 mètres de profondeur, sol et construction d'abri compris, par marché, 0 fr. 60.

Chaque marchand est tenu de louer au moins une superficie de 4 mètres de sol et d'abri.

Table ou étal	0 20
Billot	0 15
Chaise, tréteau, planche, sceau	0 05
Store	0 10
Voiture en stationnement, attelée	0 20
— — à bras	0 10

Ce marché est fréquenté par 10 commerçants en moyenne. Voici la statistique des marchandises qui y ont été introduites en 1899 :

Poisson	Volailles et Gibiers	Viandes	Beurre Œufs Fromages	Fruits Légumes	Objets divers
kilogr.	kilogr.	kilogr.	kilogr.	kilogr.	kilogr.
1.300	5.000	2.800	3.200	3.000	»

Pompes funèbres. — A en juger par la manière dont sont réglés les convois, il semble que la fabrique a concédé son monopole à l'entreprise générale des Pompes funèbres. Si un traité est intervenu entre elle et le concessionnaire, il n'a pas été soumis au Conseil municipal, non plus qu'à l'administration préfectorale.

Le règlement des convois a lieu à Saint-Denis, par le préposé de cette Société.

Les tarifs relatifs, tant au service intérieur qu'au service extérieur, s'il en existe, ne paraissent pas avoir été soumis non plus au Conseil municipal, ni sanctionnés par l'approbation préfectorale.

Le transport des corps se fait par corbillard; la Société fournit le personnel et le matériel nécessaires.

Le gardien du cimetière, nommé par le maire, est payé par la commune, à raison de 400 francs par an ; il creuse les fosses.

Pour les fosses d'indigents, il reçoit 6 francs pour les adultes et 3 francs pour les enfants.

Dans le cas de convois payants, il reçoit, des familles, le prix du creusement de la fosse, calculé d'après le même tarif.

L'inhumation des indigents paraît être à la charge de la commune; car, au compte de 1899, on voit figurer une somme de 66 francs, sous cette rubrique.

En ce qui concerne les cérémonies religieuses, il ne paraît pas exister non plus de tarif d'oblations, approuvé dans les conditions prescrites par l'article 69 de la loi de germinal an X.

Bureau de tabac.— Il existe un seul bureau de tabac, situé, n° 2, rue Méchin.

Bibliothèque.— La bibliothèque municipale de l'Ile-Saint-Denis a été fondée en janvier 1886.

Elle est installée dans un local de la mairie.

Les fonctions de bibliothécaire sont remplies par le secrétaire de la mairie qui reçoit, pour ce service, un traitement annuel de 100 francs.

Elle est ouverte au public, les jeudis de 9 heures à 4 heures et les dimanches de 9 heures à midi.

Le nombre des lecteurs est de 150 environ ; celui des volumes, de 1.482.

En 1899, une somme de 149 fr. 60 a été dépensée pour les entretenir et les renouveler.

Voici la statistique des ouvrages prêtés dans le courant de la même année :

Sciences Arts et Enseignement	Histoire	Géographie et Voyages	Littérature Poésie Théâtre	Agriculture et Industrie	Romans	TOTAL des prêts
15	45	119	40	4	1.002	1.225

Archives de la commune. — Registres paroissiaux depuis 1643. Registres de l'état civil depuis l'an II de la République. Registres des délibérations du Conseil municipal depuis 1797. Ces registres sont reliés et bien conservés.

§ VI. — PERSONNEL COMMUNAL

NOMBRE	EMPLOI	TRAITEMENT
1	Médecin de l'état civil	150 francs
1	Médecin du Bureau de bienfaisance	2 fr. par visite
1	Secrétaire de la mairie (et le logement)	2.400 francs
1	Concierge de la mairie (et le logement), emploi occupé par le garde champêtre	200 —
1	Architecte communal	100 francs
1	Agent voyer communal	100 —
2	Cantonniers	1.320 fr. chacun
1	Garde champêtre	1.200 —
1	Gardien du cimetière (emploi occupé par une femme)	1.200 —
3	Femmes de service des écoles	l'une à 600 fr. 2 à 420 francs chacune

III. — RENSEIGNEMENTS DIVERS

Fête locale et foire. — La fête communale commence le premier dimanche après le 24 juin. Elle dure 9 jours. Elle se tient rue Méchin et place du Javeau.

Courses de chevaux. — Il n'en existe pas dans la commune.

Commerce et productions du pays. — D'après le tableau ci-après, qui est extrait de l'enquête décennale de 1892, dont les chiffres ont été vérifiés en 1894, on verra que le territoire de la commune est en grande partie consacré à la culture.

TERRITOIRE			CULTURES LABOURABLES				CULTURES FOURRAGÈRES				Potagers, maraîchers, pour la vente	Parcs et plaisances
Totale	Agricole	Non agricole	Froment	Seigle	Avoine	Pommes de terre	Betteraves	Prairies artificielles	Luzerne	Foin		
hect.	hect.	hect.	hect.	hect.	hect.	hect.	hect.	hect.	hect.	hect.	hect.	hect.
187	78	109	6	1	15	2	5	8	15	21	3	2
			24				49				3	2
			78									

Le rendement moyen est le suivant :

Froment	30 hectolitres
Avoine	50 —
Pommes de terre alimentaires.	180 quintaux
Betteraves fourragères. . .	500 —

Principales industries. — Sur le territoire de la commune, sont exploitées un certain nombre d'industries dont les principales sont: une usine de blanc et apprêt, dite blanchisserie de l'Ile-Saint-Denis ; elle a été fondée en 1837 et occupe une superficie de 4.000 mètres; elle dispose d'une force motrice de 150 chevaux-vapeur et emploie 60 ouvriers. Son chiffre d'affaires est de 350.000 francs par an;

Une fabrique de produits chimiques, fondée en 1864. Elle occupe une superficie de 700 mètres, dispose d'une force motrice de 2 chevaux-vapeur et occupe 6 ouvriers. On y fait surtout la glycérine ;

Une fabrique de produits pharmaceutiques, fondée en 1804, occupe une superficie de 2.500 mètres et dispose d'une force de 2 chevaux;

Deux autres établissements, d'une importance moindre que les précédents, font: l'un, du caoutchouc vulcanisé ; l'autre, de la terpine.

L'établissement le plus important de la commune, du moins par la superficie occupée (50 hectares de prairies et de terres cultivées) est un haras qui reçoit en pension une moyenne de 800 chevaux par an et fait annuellement un chiffre d'affaires de 150.000 francs.

Écoles libres. — Quai du Moulin, n° 13, se trouve une école privée, laïque, spéciale aux filles. Elle comprend une classe primaire élémentaire.

Pendant l'année scolaire 1898-1899, cette école a été fréquentée par 6 enfants dont 2 âgées de moins de 6 ans au 1er janvier de l'année scolaire, et 4 âgées de 6 à 13 ans révolus à la même date.

Six élèves étaient présentes le 3 décembre 1898 et le 3 juin suivant. Deux de ces enfants ont fréquenté une autre école au cours de l'année scolaire. A la tête de l'école se trouve une institutrice.

Rue de la Marine, n° 8, existe une école privée, congréganiste, spéciale aux filles.

Elle comprend deux classes primaires élémentaires et une classe enfantine. Pendant l'année scolaire 1898-1899, l'école a été fréquentée par 91 élèves dont 25 étaient âgées de moins de 6 ans au 1er janvier de l'année scolaire, 62 de 6 à 13 ans et 4 de plus de 13 ans.

Le 3 décembre 1898, 70 enfants étaient présentes à l'école et 91 le 3 juin suivant.

Au cours de l'année scolaire, 4 élèves ont fréquenté une autre école.

L'établissement est dirigé par une institutrice assistée de deux adjointes.

Il n'existe pas d'*établissement privé de bienfaisance.*

Sociétés diverses. — Il n'en existe aucune dans la commune.

Un orphéon du hameau de Villeneuve-la-Garenne prête son concours pour les fêtes et reçoit, à ce titre, une subvention de 200 francs sur le budget communal.

Médecin, pharmacien, vétérinaire, sage-femme. — Un médecin, un pharmacien, une sage-femme.

ANNEXES

CONSEIL MUNICIPAL (1900)

(Effectif légal : 16 membres)

MM. DESCOINGS, Jean-Augustin-Gabriel, maire.

BOUXIN, Louis, adjoint.

FUMOUZE, Jean-Armand, conseiller.

RENAUDIN, Georges, conseiller.

MOULINOT, Jean, conseiller.

MOUREAUX, Désiré, conseiller.

BOULANGER, Henri, conseiller.

MM. MARSON, Lucien, conseiller.

HEULLE, Henri, conseiller.

SIGWALD, Jean-Baptiste, conseiller.

JOMAT, Henri, conseiller.

RINGEISSEN, Paul, conseiller.

MILLY, Joseph, conseiller.

VIGNERON, Victor, conseiller.

RITZ, Émile, conseiller.

JOUSSOT, Émile, conseiller.

TARIF DES CONCESSIONS

DANS LE

CIMETIÈRE

(Délibération du 6 octobre 1893)

Concession décennale	60	francs
— trentenaire.	180	—
— perpétuelle	420	—

CAVEAU PROVISOIRE

(Délibération du 26 juillet 1900, approuvée le 24 août 1900)

1 franc par jour quelle que soit la durée du dépôt.

TARIF DES DROITS DE VOIRIE

(Délibérations des 28 septembre et 6 novembre 1885, approuvées le 23 octobre 1886)

§ I. — CONSTRUCTIONS NEUVES

Alignement pour chaque mètre de façade des maisons en maçonnerie, par mètre de longueur, quel que soit le nombre d'étages.	2 fr. 50
Alignement pour construction en pan de bois, par mètre de construction	4 fr. »
Alignement pour chaque mètre de longueur de mur de clôture.	0 fr. 50
Alignement pour une clôture en planches, haies vives ou sèches, en échalas ou en fossés, par mètre courant	0 fr. 10
Exhaussement d'un bâtiment, par chaque étage et par mètre linéaire	1 fr. 25
Exhaussement d'un mur de clôture, par mètre linéaire	0 fr. 25

§ II. — CONSTRUCTIONS EN SAILLIE

1° *Saillies fixes*

Grand balcon en saillie, sur la façade d'une maison, par mètre courant	5 fr. »

NOTA. — Sont considérés, comme grands balcons, ceux qui ont plus de 2 mètres de longueur.

Petit balcon en saillie, droit fixe	0 fr. 70
Perron en pierre en saillie sur la voie publique, lorsqu'il y a lieu à autoriser cette construction .	6 fr. »

Colonnes en pilastre ou en saillie sur l'alignement de leur épaisseur ou d'une partie seulement de leur épaisseur, chacune.	2 fr. »
Bornes isolées ou engagées, pour chaque borne . .	0 fr. 50
Bancs sur la face des maisons, droit fixe	1 fr. »

2° Saillies mobiles

Auvent en menuiserie, au-dessus d'une boutique, droit fixe	2 fr. »
Auvent en menuiserie ou autre, au-dessus d'une porte	20 fr. »
Tableaux, enseignes et lanternes en saillie, droit fixe, chaque	3 fr. »

§ III. — TRAVAUX OU RÉPARATIONS

Reconstruction partielle d'un mur de face au rez-de-chaussée d'une maison, par mètre de longueur, compris les bouchements de baies. . . .	1 fr. 25
Reconstruction partielle au-dessus du rez-de-chaussée, compris les bouchements de baies, droit par mètre linéaire et par étage	0 fr. 75
Reconstruction partielle du chaperon d'un mur de clôture, droit par mètre courant.	0 fr. 25
Reconstruction totale d'une jambe étrière ou d'un pied droit, droit fixe	5 fr. »
Ouverture d'une porte charretière ou cochère, ou d'une grille	5 fr. »
Ouverture d'une porte bâtarde, par mètre courant.	3 fr. »
— baie de boutique — .	6 fr. »
— croisée, d'un soupirail, d'une porte de cave, par mètre courant	3 fr. »
Ravalement partiel d'un bâtiment, droit par mètre linéaire, par étage	0 fr. 25
Ravalement partiel d'un mur de clôture, droit par mètre linéaire	0 fr. 10
Ravalement général d'un bâtiment, droit par mètre linéaire, par étage	0 fr. 50
Ravalement général d'un mur de clôture, droit par mètre linéaire	0 fr. 20

Soubassement ou revêtement en dalles ou en rocailles, par mètre courant.	o fr. 90
Peinture ou badigeon d'un bâtiment, par mètre courant	o fr. 20
Peinture ou badigeon d'un mur de clôture	o fr. 10
Colonnes en fer ou poteaux, chaque	3 fr. »

DROITS DIVERS

Pour rétablissement de chacun des articles énoncés au § 2 du présent tarif, il sera perçu un demi-droit.

Barrières au-devant des travaux, droit fixe	1 fr. »
Étais, chevalements, contre-fiches, par batterie d'étais.	3 fr. »
Échafaudage, échafauds, pour chaque plancher . .	5 fr. »
Dépôt de matériaux, autorisé sur la voie publique, quelle qu'en soit la nature, par mètre superficiel et par mois	o fr. 30

NOTA. — Il ne sera compté ni moins d'un mètre, ni moins d'un mois.

TABLE

§ III. *Finances*

II. — SERVICES PUBLICS

§ I. *Bienfaisance*

§ II. *Enseignement*

§ III. *Voirie*

COMPOSÉ, IMPRIMÉ ET BROCHÉ
PAR LES PUPILLES DU DÉPARTEMENT DE LA SEINE,
ÉLÈVES DE L'ÉCOLE D'ALEMBERT
A MONTÉVRAIN

COMPARAISON
DE LA
POPULATION
ET DES
RECETTES ORDINAIRES

Relevées aux époques de Recensement
(1801 à 1896)

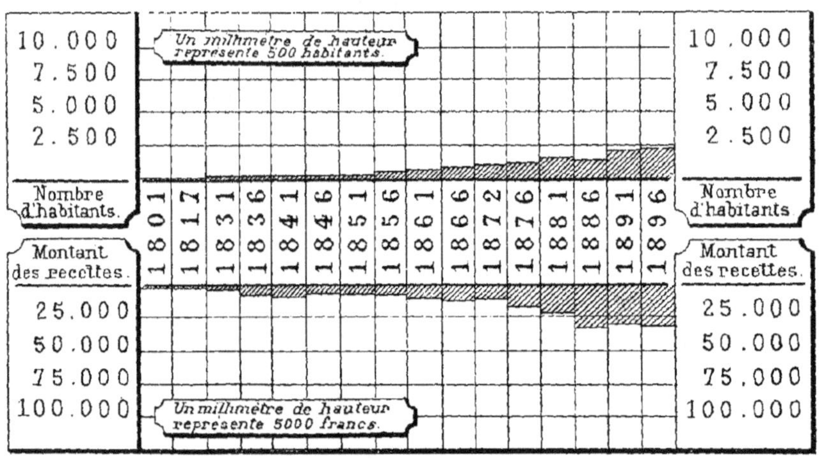

EN DÉPOT

A LA PRÉFECTURE DE LA SEINE

DIRECTION DES AFFAIRES DÉPARTEMENTALES

BUREAU DES COMMUNES

(Annexe Est de l'Hôtel de Ville)

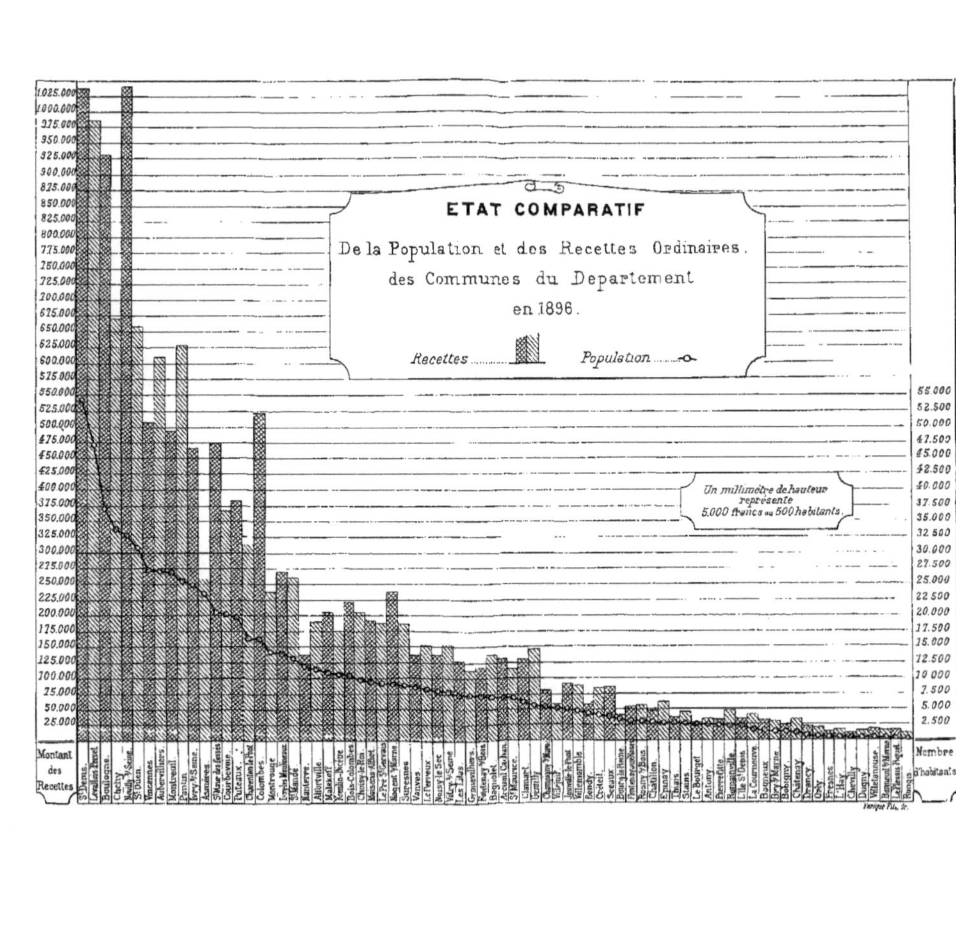
ETAT COMPARATIF
De la Population et des Recettes Ordinaires,
des Communes du Departement
en 1896.
Recettes
Population
Un millimètre de hauteur représente 5.000 francs ou 500 habitants.
Montant des Recettes
Nombre d'habitants
1.025.000
1.000.000
975.000
950.000
925.000
900.000
875.000
850.000
825.000
800.000
775.000
750.000
725.000
700.000
675.000
650.000
625.000
600.000
575.000
550.000
525.000
500.000
475.000
450.000
425.000
400.000
375.000
350.000
325.000
300.000
275.000
250.000
225.000
200.000
175.000
150.000
125.000
100.000
75.000
50.000
25.000
55.000
52.500
50.000
47.500
45.000
42.500
40.000
37.500
35.000
32.500
30.000
27.500
25.000
22.500
20.000
17.500
15.000
12.500
10.000
7.500
5.000
2.500
St Denis.
Levallois Perret
Boulogne.
Clichy
Neuilly s/Seine.
St Ouen.
Vincennes.
Aubervilliers.
Montreuil.
Pantin.
Ivry s/Seine.
Asnières.
St Maur des fossés
Courbevoie.
Puteaux.
Charenton le Pont
Colombes.
Montrouge
St Mandé
Nanterre.
Alfortville.
Malakoff
Kremlin-Bicêtre
Bois-Colombes
Choisy-le-Roi.
Maisons-Alfort.
Le Pré St Gervais
Nogent s/Marne
Suresnes
Vanves.
Le Perreux
Noisy-le-Sec
Vitry s/Seine
Les Lilas.
Gennevilliers.
Fontenay s/Bois.
Bagnolet.
Arcueil Cachan.
St Maurice.
Clamart.
Gentilly
Champigny s/Marne
Joinville-le-Pont
Villemomble
Bondy.
Créteil.
Sceaux.
Bourg la Reine.
Rosny s/Bois.
Châtillon.
Epinay
Thiais
Stains.
Le Bourget
Antony.
Pierrefitte.
Romainville.
L'Ile St Denis
La Courneuve.
Bagneux
Bry s/Marne
Bobigny.
Châtenay
Drancy.
Orly.
Fresnes
L'Hay
Chevilly
Dugny
Villetaneuse.
Bonneuil s/Marne
Le Plessis Piquet.
Rungis
Varique Fils, Sc.

ILE St DENIS

Limites actuelles de la Commune reportées sur la Carte dite des Chasses (1764-1773)

la Grande Remise

Chateau

GENEVILLIERS

Villeneuve

Échelle de 1/16000

ILE St DENIS

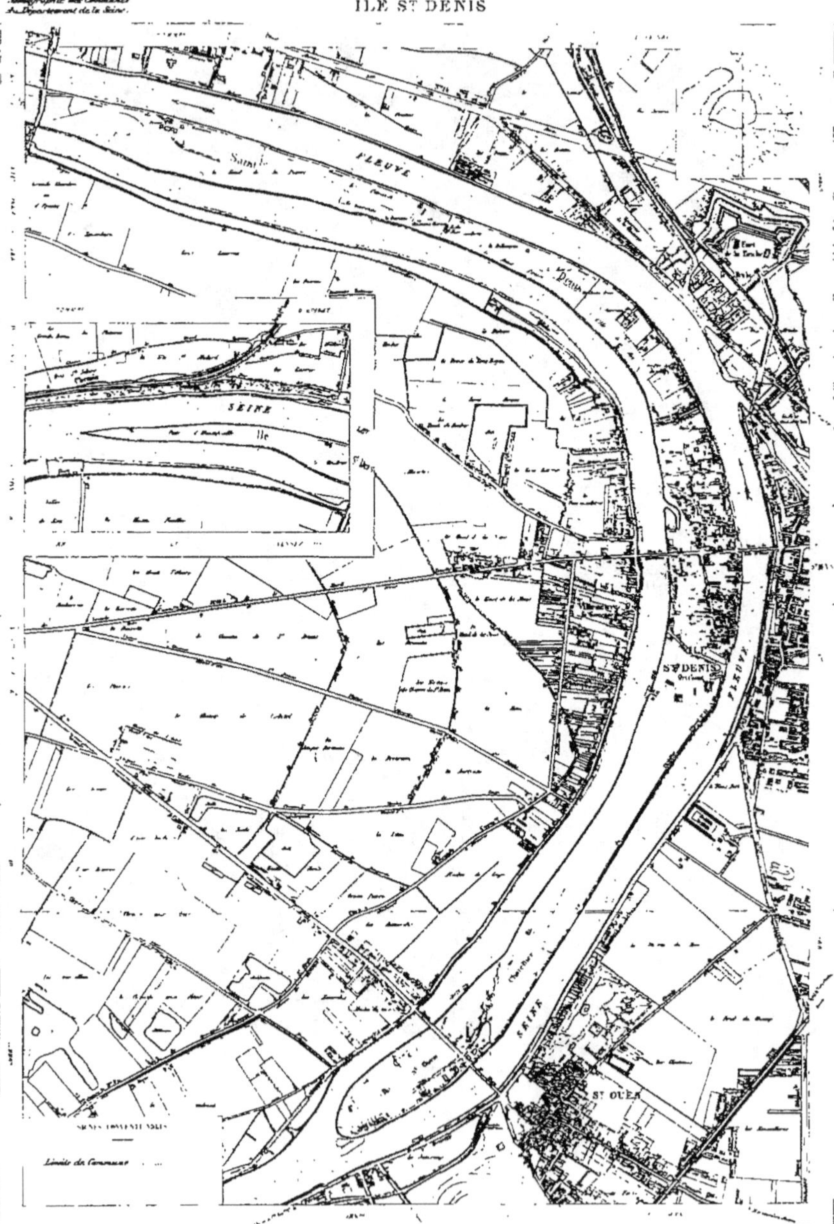

Extrait de l'Atlas des Communes du Département de la Seine au 1:5000 de 1890-1891.

Echelle de 1/8 000

Gravé par L. Wuhrer

www.ingramcontent.com/pod-product-compliance
Lightning Source LLC
LaVergne TN
LVHW010030230826
846091LV00005B/1655

* 9 7 8 2 0 1 3 6 2 4 4 3 5 *